KB252954

일본어 경어사

한미경(韓美卿)

한국외국어대학교 일본어대학 교수. 한국외국어대학교 일본어과 졸업, 오차노미즈(お茶の水)여자대학 대학원(문학석사), 와세다(早稲田)대학 대학원 박사과정 수료, 도호쿠(東北)대학 대학원(문학박사). 한국외국어대학교 일본어과 학과장, 일본연구소소장, 연구협력처장, 교육대학원장, 일본어대학 학장 역임. 도쿄외국어(東京外国語)대학 아시아·아프리카언어문화연구소 객원연구원, 레이타구(麗澤)대학교 대학원 객원교수·대학원강사 역임. 한국일어일문학회 회장 역임.

【저서】『捷解新語における敬語研究』Ⅰ·Ⅱ(1995), 『日本文化叢書』 1~6(편저, 2003), 『일본어고전문법』(2004), 『일본어의 역사』(2006), 『드라마로 보는 한국인과 일본인의 경어행동』(2007), 『일본어의 언어표현과 커뮤니케이션 연구』(편저, 2008), 『韓国語の敬語入門-テレビドラマで学ぶ日韓の敬語比較-』(2009), 『日本語学と日本語教育』 1~7(편저, 2013) 외 저서, 논문 다수

일본어 경어사

초판 1쇄 인쇄 2013년 9월 1일
초판 1쇄 발행 2013년 9월 9일

지은이   한미경
펴낸이   지현구
펴낸곳   태학사
등   록   제406-2006-00008호
주   소   경기도 파주시 광인사길 223
전   화   마케팅부 (031)955-7580~2   편집부 (031)955-7585~90
전   송   (031)955-0910

전자우편   thaehak4@chol.com
홈페이지   www.thaehaksa.com

ISBN   978-89-5966-604-1 93730

일본어 경어사

日本語の敬語史

한미경

태학사

머리말

　일본어도 우리말처럼 일본어 나름대로의 경어체계를 갖추고 있으며 사회생활을 영위하는 데에 중요한 커뮤니케이션의 수단의 하나가 되어 있다. 그러한 경어의 출발점을 거슬러 올라가 보면 고대시대의 일본어에서부터 사용되고 있었음을 알 수 있다. 자연에 대한 두려움에서 시작된 경어는 처음에는 절대자에 대한 경어로 사용되다가 점차로 주변의 인물들에 대한 배려로 그 영역을 확장하여 현대어에 이르고 있다. 현재 일본의 사적 자료로 남아있는 문헌들과 고전 작품들은 대부분이 경어체로 엮어져 있다.

　이 책은 일본어의 경어를 시대별로 제시하고 있으므로 경어의 변천을 한눈으로 파악할 수 있으며, 알기 쉽게 풀어서 설명하여 경어에 대한 깊은 지식이 없어도 꼭 필요한 부분을 사전을 찾는 기분으로 쉽게 읽어나갈 수 있도록 배려하였다. 또한 각 시대별로 되도록 많은 예문을 실어 각 시대의 경어를 이해하게 하였고 모든 예문에는 한국어 역을 붙여서 그 경어를 이해하게 하였다.

　이 책은 3부로 구성하였다.
　1부는 일본어의 경어사를 이해하기 위한 길라잡이로 일본의 시대구분과 경어의 분류 등을 간단히 소개하였다.
　2부는 시대별 일본어 경어를 소개하였다. 시대를 6시대로 나누고 용언의 경어형과 인물에 관한 호칭 등으로 나누어 다루었다.

3부는 부록으로 일본의 경어사를 이해하는 데에 참고가 될 사항들을 소개하였다.

이 책은 일본의 구어체를 중심으로 경어를 다루고 있다. 일례로 일본의 서간문체에서 사용되는 소로문(候文)은 근세 이후에는 특별한 문체로서 대화가 아닌 문서 속에서만 존재하므로 본문 속에서 다루기 힘들었으며 그러한 참고가 될 사항들은 3부에서 부록으로 소개하였다.

모쪼록 이 책을 통해 독자 여러분들이 일본어 경어의 전체적인 흐름을 파악하고, 고전의 문장을 독해할 수 있는 하나의 방편이 될 수 있기를 바라며 일본의 고전문학, 한일교류사, 역사적 자료들을 이해하는 데에 미흡하나마 기여할 수 있기를 기대해 본다.

이 책의 상고부터 중세까지의 예문의 한국어 역은 배경아 선생님이, 근세는 김경희 선생님이 맡아주었으며 전체적인 예문의 감수는 최충희 교수님의 도움을 받았다. 이 자리를 빌어 감사드리는 바이다. 마지막으로 이 책의 출판을 기꺼이 맡아주신 태학사에 깊은 감사의 뜻을 전하고 싶다.

2013년 8월

한미경

차례

|3부| 일본어 경어사를 이해하기 위한 참고 사항

부록 1 2방면경어 / 부록 2 절대경어에서 상대경어로 / 부록 3 신분과 절대 경어 / 부록 4 존경 접두어 御의 변천 / 부록 5 いらつしゃる는 존재와 이동의 존경어(?) / 부록 6 일본어 청자경어(정중어 2)의 역사(1) / 부록 7 일본어 청자경어의 역사(2) -ます- / 부록 8 일본어 청자경어의 역사(3) -です- / 부록 9 소로문(候文) / 부록 10 일본의 언어정책과 경어1(앞으로의 경어) / 부록 11 일본의 언어정책과 경어2(현대사회에 있어서의 경의표현) / 부록 12 일본의 언어정책과 경어3(경어의 지침)

1부

일본어
경어사
개관

1장 일본어 경어사에 대한 이해

一. 경어사의 시대구분

오랜 세월을 이어오면서 언어는 끊임없이 변해왔다. 언어의 변화를 볼 때에 시대구분을 하는 것이 편리하므로 시대구분을 하게 되는데 일반적으로 고어와 현대어로 나누어 볼 때 일본어의 고어란 에도시대인 근세까지이며 현대어는 신분제도가 타파되고 전국적으로 학교 교육이 이루어지는 메이지시대부터 현재까지를 현대어로 보게 된다.

그러나 일본어의 변천을 시대별로 나누어 보고자 할 때에는 정치사의 변화에 따르는 것이 편리할 때가 있다. 즉 현대와 달리 고대의 경우는 문자생활을 하는 사람들은 일부에 불과하며 그 일부의 사람들은 당대의 정권과 문화의 중심에 있을 가능성이 크기 때문이다. 정치적인 시대구분과 언어상의 변화를 같이 고려하여 경어사의 구분을 이 책에서는 상고, 중고, 중세, 근세, 근대, 현대의 6가지로 나누었다.

상고(上古) : 나라(奈良)시대 이전 및 나라시대(~794)

중고(中古) : 헤이안(平安)시대(794~1192)

중세(中世) : 가마쿠라(鎌倉)시대(1192~1333) 및 무로마치(室町)시대(1333~1603)

근세(近世) : 에도(江戸)시대(1603~1867)

근대(近代) : 메이지(明治) 이후(1868~1945)

현대(現代) : 2차대전 패전 이후(1945~)

二. 일본어의 시대별 경어의 특징

1. 상고의 경어

상고(上古)는 기록물이 처음 나타나는 시기부터 794년까지를 말하며 상고를 흔히 나라(奈良)시대라고 하는데, 상고시대는 나라지방을 중심으로 번창하였고 상고의 언어는 나라지방의 언어가 중심이 된다.

일본의 상고시대의 경어는 신이나 왕을 중심으로 이루어졌는데 이 시대의 경어사용은 다른 시대와 크게 다른 양상을 보이고 있다. 상고의 경어와 후세의 경어가 다른 것은 상고의 경어는 체계적으로 볼 때 소위 존경어와 겸양어만이 존재하고 정중어의 용법이 없는 것이라 한다. 즉 이 시대에는 경어라는 언어사용은 절대적으로 상위자와 하위자 사이에서 이루어졌으며 청자에 대해 배려하는 경어의 용법은 존재하지 않았다. 또한 이 시대에는 경어란 절대적인 상하관계에 의해 사용하는 것이므로 존경어의 대상으로서 가장 높은 지위의 왕이 사용하였다고 보여지는 언어사용에 자경표현이 나타나기도 한다.

2. 중고의 경어

수도를 헤이안교(平安京 : 지금의 교토)로 천도한 이후 400년을 헤이안(平安)시대라고 하며 중고시대라고 구분한다. 중고는 다시 초기, 중기, 후기, 말기로 세분하기도 한다. 이 시대는 교토어가 중심이 되는 시대이다. 이 시대는 귀족문화가 중심이었기 때문에 자료들에 나타나는 언어현상도 귀족들의 경어의 문체들이 많이 보인다. 또 이 시대의 경어는 신분에 따라서 차이가 보여서 왕에게는 최고의 경어를 쓰며, 일반 왕족들에게는 다음 단계의 경어, 그 이하의 귀족에게는 가벼운 경어를 쓰는 등, 절대적인 조건의 경어사용을 하였으며 일부 자경표현도 남아 있었다. 그러나 한편에서는 화자가 청자(독자)에 따라서 자기 쪽 상위자에 대한 경어를 간략화 하는 상대경어의 경향이 나타나기 시작했다. 이처럼 중고는 청자를 배려하는 정중어가 나타나는 시기로서 경어사용의 다양성을 보이기 시작한다. 한편 중고 말기는 인세이키(院政期1086~1192)라 하여 상왕이 그 거처인 원(院)에서 정치를 펼친 시대로 무사를 비롯한 외부인을 주변에 모으게 되며 교토어에 외부 언어의 유입을 가져오게 됨으로써 경어사용에도 대중적인 면이 가미되는 등 중세적 현상이 나타나기 시작한다. 이로 인해 경어사의 관점에서는 이 시대를 가마쿠라, 무로마치 시대와 함께 중세로 보기도 하는데 이 책에서는 중고 말기로 취급한다.

3. 중세의 경어

1192년 가마쿠라(鎌倉)에 가마쿠라막부(幕府)가 시작된 후 1333년 무로마치(室町)시대가 시작될 때까지를 가마쿠라시대라 하며, 다음에 이어지는 무로마치(室町)시대는 1603년에 에도(江戸)막부가 시작될 때까지를 일컫는다. 또한 가마쿠라시대와 무로마치시대를 합해서 중세(中世)라고 칭한다.

일본어를 역사상 이분해서 고대어와 근대어로 나눌 때에 기준이 되는 시기가 중세이다. 중세는 전 시대인 중고의 영향을 크게 받고 있으면서도 여러 면에서 다른 점이 나타난다. 이 시대는 귀족중심에서 새롭게 힘을 얻은 무가(武家)사회로 중심이 옮겨가면서 무사의 힘이 강해지고 생활권도 광역화되며 광범위한 계층의 언어가 자료로 남겨지게 되었다. 중고시대 이후 교토어가 표준어로서 영향을 미치지만 가마쿠라시대가 되면 교토어에도 차츰 동부지방 방언의 영향이 나타나게 된다. 한편 중세 후기에 해당하는 무로마치시대는 고어와 현대어를 잇는 가장 중요한 시기이다.

무로마치시대는 현대 일본어에서 쓰이는 경어형 중의 많은 부분의 원류를 찾을 수 있을 정도로 한마디로 근대어의 요람기라 할 수 있다. 이 시대는 문어가 구어에서 점차 멀어져 말과 글이 일치하지 않는 경향, 즉 언문이도(言文二途)의 현상을 보인다. 사회적으로 무로마치시대는 하극상이 만연한 대혼란기로서 일본 민중이 문화생활의 표면에 나타나며 다양한 언어 자료가 만들어진다.

경어사용에 있어서도 전 시대와는 다른 양상을 보인다. 또한 이 시대는 기존에 사용되던 경어의 형태는 경의도가 낮아지며 다른 경어의 형태들과 교체되기도 하며 2중경어의 형태를 취하기도 한다. 또 이 시대에는 정중어(丁寧語)의 종류가 많아지며 정중어 중의 하나인 청자경어가 확립하는 등 중세 말에는 경어체계가 확립된다.

4. 근세의 경어

도쿠가와 이에야스(德川家康)가 에도(江戶)에 1603년 막부를 연 이후 1868년 메이지 유신이 일어나기 전까지를 에도시대라고 하며 근세에 해당한다. 에도시대 전반부는 교토를 가미카타(上方)라고 하여 여전히 교토 문화에 근거를 둔 교토어가 우위를 점하고 있었으며 언어자료는 대부분 가미카타(上方=교토)의 언어이다. 이러한 에도전기와는 달리 후기가 되면 에도 문화의 안착과 함께 에도어도 교토어의 세력에서 벗어나 독자적인 위치를 잡고 현대 일본어의 기틀을 잡아 나간다. 에도시대는 신분이 뚜렷하게 구분된 시대였고, 이것은 경어사용에도 그대로 반영되었다. 무사계급, 조닌(町人)계급, 여성어, 남성어 등으로 구분되고, 그 내부에서도 상류층, 중하류층, 하류층 등으로 더욱 세분되며 엄하게 구분되었다.

근세 경어의 성격도 이러한 엄격한 신분의 구분에 따라서 상하관계에 의한 절대경어의 면을 보이면서도 자기 주인인 주군을 더 높은 청자 앞에

서는 경의가 낮은 경어조동사 (ら)るる를 사용하는 등 청자를 배려하는 상대경어의 면을 보이기도 한다. 한편으로 절대경어의 한 면모로 가족제도 내의 남편에 대한 부인의 경어사용 등이 이루어지고 있다. 또한 '근대의 경어는 이미 근세 말에 시작한다고 해도 과언이 아니라고 할 정도로 신분에 의한 경어사용이 약화되기도 하였다. 경어형식의 면에서는 특정어형의 경어표현에서 부가형식을 취한 경어표현이 늘어나게 된다.

5. 근대의 경어

근대는 메이지유신(1868) 이후를 가리킨다. 에도는 도쿄로 이름을 바꾸고, 연호도 메이지(明治)로 바꾼다. 그리고 메이지4년(1871)의 에도시대 행정구역 단위였던 번(藩)을 폐지함으로써 에도시대의 봉건적인 체제는 완전히 그 기반을 잃어버렸다. 이러한 정치사회제도의 변혁은 언어에도 고스란히 반영된다. 신분제도의 붕괴에 의해 대우표현의 변화를 가져왔고 경어 형식이 정리 통합되었다. 에도시대부터 사용되던 경어의 대우가치가 하락하며 새로운 경어형태가 생기기도 한다.

메이지이후는 교육이 보급된 결과 도쿄어를 중심으로 하는 공통어가 전국적으로 퍼져나갔다. 도쿄어가 에도어에서 벗어나 새로운 표준어로 성립하게 된 것은 대략 메이지20년(1887) 전후쯤으로 보인다. 이 시대는 인위적으로 언문일치를 꽤하는 시기이기도 했으며 이로 인해 경어사용의 변화를 가져왔다. 특징적인 것으로는 정중하게 말할 때는 です・ます를 쓰도록 하였는데 이러한 인위적인 결정은 현대어의 경어사용에도 영향을 미치고 있다.

메이지 20년(1887)을 경계로 근대 일본어를 전기와 후기로 나눈다고 보면, 구어(口語)는 메이지후기에 거의 현대어가 완성되며 문어(文語)도 새로운 표기체계를 거의 완성시켰다. 그리고 다이쇼(大正), 쇼와(昭和)시대를 거치면서 도쿄어는 학교 교육과 라디오를 통해 전국적으로 보급되어 갔다. 한편 근대의 경어형태와 경어법은 약간의 변화는 있지만 대략적으로 현대어의 경어로 이어져 현재에 이르고 있다.

6. 현대의 경어

일본의 현대(1945년 이후)는 일본이 세계 제2차대전에서 패전한 이후부터 현재까지를 말한다. 일본의 패전으로 일본 사회는 크게 변화하는데 메이지헌법으로 유지된 천황제 중심의 국가는 소멸되고 주권재민, 기본적 인권존중, 평화주의의 신헌법에 의거한 국가가 형성되었다. 그러므로 종래의 왕가 등에 대한 신분적인 상하 개념에 의해 쓰이던 경어는 폐지되어야 한다는 의견들이 나올 정도로 경어라는 개념이 변하게 되며 현대는 경어의 변혁기를 맞는다. 그러한 혼란스러운 상황에서 국어심의회는 1952년 'これからの敬語'를 공표하게 된다. 1952년 4월 14일 제14회 일본의 국어심의회는 총회에서 별책 'これからの敬語'를 제시하였는데 이는 그 이전의 신분을 염두에 두고 사용되던 상하개념의 경어에서 각자의 기본적인 인격을 존중하는 상호존경에 의거해야 한다고 제시하고 있다. 실제로 그 이후의 경어사용은 'これからの敬語'의 방향제시와 상당부분 일치하고 있다.

한편 현대의 일본어의 경어는 청자만을 중시하는 쪽으로 행해지게 된다. 또한 경어의식 자체도 경어는 성인이 되어 사회생활의 한 방편으로 사용하게 되었다. 그러므로 경어를 사용하지 않는 현상들이 나타나고, 반면에 경어를 사용하는 사람들은 언어형식에 치중하여 과잉경어가 이루어지는 현상이 생기게 된다.

三. 일본어 경어의 개관

1. 경어에 대한 이해

1) 경어란 무엇인가?

경어라는 것은 화자가 이야기할 때 청자 또는 화제로 삼고 있는 화제 상의 인물에게 경의를 나타내는 것을 말한다. 고전작품에 나타나는 경어는 화자 또는 필자가 화제의 인물에 대해 경어를 쓰는 경우와 이야기의 상대, 즉 청자 또는 글을 읽는 독자에게 경어를 쓰는 경우가 있다. 여기에서는 화자(화자 또는 필자), 청자(청자 또는 독자)로 나타낸다.

현대 일본어의 경어사용은 이야기를 듣고 있는 청자를 최우선적으로 배려하는 것으로 상대경어법이라 칭하기도 한다. 그러나 옛날의 신분사회에서는 청자와 화제의 인물과의 사이의 신분의 상하도 고려하는 경어법을 썼다. 절대적인 조건을 정해놓고 그 조건을 충족시키면 경어를 써서 높이는 이러한 경어법을 소위 절대경어라고 칭하는데, 일본어의 고어의 경어가 현대 경어와 다른 점은 바로 절대경어의 성격이 강하다는 점이다.

2) 경어의 분류

이 책에서의 경어의 분류는 고어에서 현대어까지의 경어의 용법을 포함하여야 하기 때문에 편의상 나누고자 한다. 일본어의 경어는 절대적으로 경의를 표해야 하는 사람에 대한 경의의 표시로 사용되기 시작하였지만, 청자(독자)에 대해 의식하기 시작하면서 종래의 본연의 경의의 표현으로서의 용법에서 확장되게 된다. 그러한 청자를 의식하여 행해지는 경어 용법을 정중어라고 분류한다. 또한 이 정중어는 화자가 정중한 언어선택을 함으로써 분위기를 정중하게 만드는 용법은 정중어 1이라고 하며 대화의 상대자(청자, 독자)만을 의식하고 정중하게 표현하는 용법은 정중어 2라고 한다.

그 외에 현대어에서 흔히 말하는 미화어로서 사물을 미화해서 표현하는 용법은 경우에 따라서 미화어라고 구분하여 사용하기도 하지만 고어에서는 정중어 1에서 대부분 취급한다.

(1) 화제의 인물에 대한 경의를 나타내는 경우: 존경어, 겸양어
(2) 청자를 고려하거나 청자에 대해 직접적인 경의를 표하는 경우: 정중어[정중어 1, 정중어 2, 미화어]

3) 경어의 종류

1. 존경어: 화제의 인물의 동작·사물·상황·상태에 대해 사용하며 그 인물에 대해 경의를 표하는 것
2. 겸양어: 화제의 인물의 동작·사물·상황·상태를 낮추어 표현함으로써 동작의 대상에게 경의를 표하는 것
3. 정중어: 청자를 배려하거나 청자에 대해 직접적인 경의를 표하는 것.
   정중어 1: 화제의 인물의 동작 등에 대한 직접적인 경어표현이 아니라 화자가 청자를 의식하며, 정중한 언어선택을 함으로써 분위기를 품위 있게 만드는 것이다. 현대어에서 많이 발달되어 있는 부분이다.
   정중어 2: 화제의 인물에 대한 경의와는 별도로 청자에 대해 직접적인 경의를 표하는 것이다. 현대어에서는 청자경어(대자경어, 대화경어)라 칭하기도 하지만 여기서는 따로 구분하지 않고 정중어로 취급한다.
   미화어: 사물을 미화해서 표현하는 것이다.

4) 경어의 구성요소

일본어에서 경어의 형태들은 여러 가지의 구성요소로 나타난다.

1. 인칭대명사, 호칭, 특정한 어형의 명사에 의한 표현

2. 용언의 경어형에 의한 표현

   ① 특정한 동사의 경어형으로 표현한다.

   ② 특정한 보조동사 또는 조동사를 부가하여 표현한다.

3. 접두어

4. 접미어

5. 조사 : 현대어에는 없으나 고어에서는 일시적으로 구분이 있었다고 본다.

2부

시대별 경어

1장 상고의 경어

일본의 상고(나라시대)의 경어는 신이나 왕을 중심으로 이루어지는데 그 시대의 경어의 특징은 체계적으로 볼 때 소위 존경어와 겸양어만이 존재하고 정중어(丁寧語)의 용법이 없는 것이다. 이처럼 상고경어의 특징은 절대자에 대해서 높여야 한다는 절대경어만이 존재할 뿐이었다. 첫째, 상고에는 경어란 절대자에 대해서만 사용하는 것이므로 대화의 상대자라는 이유만으로 청자에 대한 경어를 고려하지 않는다. 둘째, 화제의 인물이 복수일 경우에도 소위 2방면경어 용법은 나타나지 않는다. 2방면경어란 화자가 화제에 참가되어 있는 인물들 간의 상하관계를 생각하여 그 양쪽에 다 경어로서 높이는 것이다. 한국어 경어에서는 자연스럽게 사용되는 경어용법 겸양어와 존경어를 동시에 사용하는 2방면경어(교장선생님께 여쭈어 보세요 등)를 말한다. 즉 상고시대에는 화자는 신분상으로 상위자인 화제의 인물들에 대해서 주관적으로 관계설정을 하지 않는 것이다.

이처럼 경어의 사용 목적이 확실한 상고에는 존경어의 대상으로서 가장 높은 왕은 자기자신에게 자경표현을 사용하고 있는 자료들이 보인다.

一. 용언의 경어형

다음에 상고에 사용된 동사의 특정어형의 경어를 존경어와 겸양어로 나누어 표로 제시하였다.

*이 표는 상고, 중고, 중세, 근세, 근대, 현대에 이어지기 때문에 시대에

따라 기본형의 표기가 달라지기도 하므로 이해하기 쉽도록 기본형의 제
시는 현대어의 보통어형과 고어의 보통어형의 2가지로 하였다.

표1 상고의 동사의 특정어형의 존경어와 겸양어

현대일본어(한국어)	고어의 보통어	존경어	겸양어
言う (말하다)	いふ	のたぶ きこす	まをす・まうす
思う (생각하다)	おもふ	おもほす おもほしめす	
見る (보다)	みる	めす	
聞く (듣다)	きく	きこす きこしめす	
する (하다)	す	せす あそばす	つかへまつる
着る (입다)	きる	けす をす	
食う・飲む (먹다・마시다)	くふ・のむ	めす をす たてまつる	たまふ
治める (다스리다)	しる(領る)	きこしめす しらす しらしめす をす めす	
寝る (자다)	ねる	なす	
与える (주다)	あたふ	たまふ たぶ	まつる たてまつる
もらう(받다)	もらふ		たまふ・たぶ たばる たまはる
招く(부르다)	まねく	めす	
いる・ある・行く・ 来る (있다・가다・오다)	ゐる・ある いく・く	ます います おはします	まゐる まかる まゐづ

1. 존경어

상고의 존경어로는 특정어형과 부가형식의 존경어가 있다. 주로 생활에 필요한 동사들에 특정어형의 존경어 동사들이 사용되었다. 그러나 상고의 특징으로 왕이나 신에 대한 경어가 많으므로 후세와는 다르게 '다스리다'의 뜻의 존경어인 しろしめす 등이 눈에 띈다.

1) 특정어형의 존경어

▶ いふ (言ふ)의 존경어

'말하다'의 뜻의 いふ(言ふ)의 존경어로는 のたぶ와 聞こす가 사용되었다.

のたぶ (宣ぶ) (**현대어**: おっしゃる)

'말하다' (言う)의 뜻의 존경어로 예는 적지만 のたぶ가 상고에 보인다.

ちちの実の父の命は栲綱の白髭の上ゆ涙垂り嘆きのたばく鹿子じものただ独りして朝戸出の愛しき吾が子　　　　　　　　　　　　(万葉集 4408)

(지치노미노)지치노미코토는 하이얀 수염 위로 눈물을 떨구며 한탄하며 말씀 하시기를 새끼 사슴처럼 혼자서 쓸쓸하게 아침 문 나서는 사랑스런 내 아들아.

참고

く : のたばく의 く는 상고에 이미 사용되었는데 '말하다'의 뜻을 가진 동사의 뒤에 붙어서 그 다음에 인용문이 오는 것을 말해준다(~기를). 현대어의 문어체에서도 흔히 볼 수 있다.

孔子いわく(공자 왈), 本人いわく(본인이 말하기를, 본인 말로는)

きこす (聞こす) (현대어 : おっしゃる)

きこす는 '듣다'의 뜻의 존경어로도 사용되지만 '말하다'의 뜻의 존경어로 더 많이 사용되었다. 즉 아랫사람에게 말해서 들리게 해 주는 데에서 온 것으로 보인다.

な寝そと母きこせども　　　　　　　　　　　　　　　　(万葉集 3289)

외박을 하지 말라고 어머니는 말씀하시지만

早くあらば今二日ばかりあらむとそ君はきこししな恋ひそ吾妹　　　(万葉集 3318)

빠르면 이제 이틀정도 더 거기 있을 거라고 그대는 말씀하셨지. 임아 그리워 말라고.

▶ おもふ (思ふ)의 존경어

'생각하다', '그리워하다'의 뜻의 思ふ의 존경어로는 おもほす, おもほしめす가 있다.

おもほす (思ほす) (현대어 : お思いになる)

'생각하다, 마음에 두다'의 뜻의 존경어이다. おもほす는 思ふ의 미연형 (-a)에 す가 붙은 思はす가 음변화를 일으켜서 생긴 것이다.

その妹いざなみの命を相見まくおもほして　　　　　　　　　　(古事記)

(이자나기는) 아내 이자나미노미코토를 만나보고싶다고 생각하시어

藤波の花は盛りになりにけり奈良の都をおもほすや君　　　　　(万葉集 330)

물결이 일 듯 등나무 꽃이 한창 만개하였네. 도읍지인 나라를 당신은 생각하시려나.

草枕旅の翁と思ほして針そ賜へる縫はむ物もが　　　　　　（万葉集 4128）

(구사마쿠라) 여행길 늙은이라 생각하시어 바늘을 주시네. 꿰맬 옷도 주셨으면.

* 草枕(구사마쿠라) : 마쿠라고토바(枕詞), 이하의 예문에도 마쿠라고토바는 ( ) 속에 표시한다.

참고

마쿠라 고토바(枕詞) : 시가 특히 와카에 쓰이는 수사법으로 어떤 어구에 앞서서 습관적으로 쓰는 전치표현적인 수사구이다. 또는 어조를 맞추는 역할도 한다. 보통 5음절로 되어 있으며 특별한 의미는 없다. 현대어로 해석할 때에는 굳이 해석할 필요가 없다.

(草枕)—旅, (たらちねの)—母, (八雲立つ)—出雲

おもほしめす (思ほし召す) (현대어 : お思いになる)

おもほしめす는 思ふ의 존경어 おもほす과 めす의 복합어로서 思ほす보다 경의가 높은 최고의 경어이다. 주로 상고에 사용되었고 중고시대 이후에는 おぼしめす로 변화하여 사용되었다. 4단활용동사이다.

いかさまにおもほしめせか　　　　　　　　　　　　　（万葉集 29）

어찌 생각하셨는지

遠くあれば一日一夜も思はずてあるらむものと思ほしめすな　（万葉集 3736）

멀리 있기에 낮이든 밤이든(잠시 동안이라도) 그대를 그리워하시 않고 있을 것이라고 생각하시지 마소서.

▶ みる (見る)의 존경어

めす (見す · 召す) (현대어: ご覧になる)

めす는 '보다'의 뜻인 *みる*의 미연형에 존경의 す가 붙어서 한 단어화한 *みす*가 음변화한 것이다. めす는 '보다'의 뜻 이외에도 '먹다', '다스리다'의 존경어로도 사용된다.

はふ葛の絶えず偲はむ大王の見しし野辺には標結ふべしも　　　(万葉集 4509)

(하후쿠즈노) 끝없이 흠모하는 우리 왕께서 둘러보셨던 이 들녘에는 징표를 해두어야지.

▶ きく (聞く)의 존경어

'듣다'의 뜻의 존경어로는 聞こす와 聞こしめす의 예가 보이지만 聞こしめす의 예는 적다.

きこす (聞こす) (현대어: お聞きになる)

상고의 きこす는 '말하다'의 뜻으로도 사용되었지만 '듣다'의 뜻의 聞く의 존경어로 쓰였다. 聞こす는 聞く의 미연형(-a)에 상고의 존경의 조동사 す가 붙어서 한 단어화한 聞かす가 음변화한 것이다.

吾が背子しかくし<u>聞こさ</u>ば　天地の　神を祈ひ禱み　長くとそ思ふ

(万葉集 4499)

당신이 그리 칭찬해 주는 것을 들으니 천지의 신들에게 기원하여 오래 살고 싶구나.

麗し女をありと<u>きこして</u>　　　　　　　　　　(古事記)

아름다운 여인이 있다고 들으시고

きこしめす (聞こしめす) (현대어 : お聞きになる)

聞こしめする 존경어 聞こす와 めす의 복합어로 이루어진 2중경어로서
'듣다', '다스리다' 뜻의 경의가 높은 존경어로 사용되었다.

若し大后はこの事聞こしめさねかも、静かに遊び幸行す　　　　　(古事記)

어쩌면 왕후는 이 일을 못 들으셨기에 여유롭게 향연을 베풀러 행차하신다.

▶ す의 존경어

'하다'의 뜻의 존경어로는 せす와 あそばす의 예가 보인다.

せす (현대어 : なさる)

せす는 상고어로서 '하다'(す)의 뜻의 존경어이다. サ행변격활용동사 す
의 미연형 せ에 상고의 존경의 조동사 す가 붙어서 이루어진 것이다.

わご大君神ながら神さびせすと　　　　　　　　　　　　　(万葉集 38)

우리 왕께서 신의 모습 그대로 신답게 행동하시어

あそばす (遊ばす) (현대어 : なさる)

상고어로서 '하다'(す)의 뜻의 존경어이다. 4단동사 あそぶ의 미연형 あ
そば에 상고의 존경의 조동사 す가 붙어서 이루어진 것이다. 여기에서는
'사냥을 하시다'의 뜻으로 사용되었다.

冬の朝は刺し柳根張り梓を大御手に取らし賜ひて遊ばしし我が大王を

　　　　　　　　　　　　　　　　　　　　　　　　　　　(万葉集 3324)

겨울 아침엔 물가 버들 뿌리 뻗듯 팽팽한 활을 손에 잡으시고 사냥하시던

우리 왕자님을

▶ きる (着る)의 존경어

けす・をす (着す) (현대어 : お召しになる)

けすと는 상고어로서 '입다'의 뜻인 着る의 존경어이다. 着る의 미연형에
존경의 す가 붙어서 한 단어화 된 きす가 음변화한 것이다. 그 외에 をす
가 있다.

汝がけせる襲の裾に   (古事記)

당신이 입고 계신 옷자락에

臣の子は栲のはかまを七重を<u>し</u>   (雄略紀)

신하의 자식은 일곱겹 흰 겉옷을 입으시고

▶ くふ (食ふ)・のむ (飲む)의 존경어

'먹다', '마시다' 뜻의 존경어로 상고에 사용된 것은 たてまつる(奉る), め
す, をす가 있다.

たてまつる (奉る) (현대어 : 召し上がる, 飲みになる)
とよみさけ(豊御酒)는 술을 미화한 표현이다.

豊御酒 奉 らせ。   (古事記)

술을 드시옵소서.

めす (召す) (현대어 : 召し上がる, お飲みになる)

상고에 보이는 めす는 '먹다', '보다', '입다', '다스리다'의 뜻의 존경어로
사용되었다. 또한 めす는 다른 경어동사와 같이 쓰여 경의를 높여주는 역
할도 한다.

戯奴がため、我が手もすまに、春の野に抜ける茅花ぞ食して肥えませ

(万葉集 1460)

당신을 위해 이 내 손 쉬지 않고 봄 들녘에서 따온 띠 꽃이라도 드시고
살찌시옵소서.

をす (食す) (현대어: 召し上がる, お飲みになる)
상고에 보이는 をす는 '먹다', '입다', '다스리다'의 뜻의 존경어이다.

この御酒は我が御酒ならず …まつりこし御酒ぞ、あさずをせ。ささ。 (古事記)
이 술은 내가 빚은 술이 아니고, …신이 축복하여 빚어 보내주신 귀한 술
이니, 남김없이 드세요. 자, 어서.

▶ しる (領る)의 존경어

상고에는 '다스리다', '정치하다'의 뜻의 존경어가 다양하게 사용되고 있다.
경어의 사용이 절대자에 대한 외경심에서 사용된 것에서 비롯된 것으로 보인
다. 존경어로는 きこしめす, しらす, しらしめす, めす, をす의 예가 보인다.

きこしめす (聞こし召す) (현대어: お治めになる)
聞こしめす는 '듣다'의 존경어 이외에 '다스리다'의 존경어로 사용되었다.

桜花今盛りなり難波の海押し照る宮に聞こしめすなへ　　　(万葉集 4361)
벚나무 꽃이 지금 만개하였네. 나니와 바다 빛나는 궁궐을 왕께서 다스리
시니.

やすみししわが大君のきこしめす天の下に　　　(万葉集 199)
(야스미시시) 우리 왕께서 다스리시는 이 땅에

しらす (**현대어**: お治めになる)

‘다스리다’의 뜻의 しる(領る)에 존경 조동사 す가 붙어서 생긴 존경어
이다.

天の日嗣としらし来る君の御代御代 (万葉集 4094)

신의 자손으로서 다스려 오신 왕의 치세마다

しらしめす (**현대어**: お治めになる)

‘다스리다’의 존경어로서 しらす에 めす가 붙어서 이루어진 2중경어로
しらす보다 경의가 높다.

天の下しらしめしけむ天皇の (万葉集 29)

천하를 다스리시는 왕의

をす (**현대어**: お治めになる)

상고의 をす는 ‘먹다’, ‘입다’의 뜻의 존경어인데 ‘다스리다’의 뜻으로도
사용되었다.

大君の命畏、食國のこととりもちて (万葉集 4008)

왕의 명을 받들어 왕께서 다스리시는 나랏일을 맡아

めす (**현대어**: お治めになる)

상고에 보이는 めす는 ‘먹다’, ‘보다’, ‘입다’의 뜻 이외에 ‘다스리다’의 뜻
의 존경어로 사용되었다.

わご大王の見し給ふ吉野の宮は山高み雲そ棚引く川速み瀬の音そ清き

(万葉集 1005)

왕께서 다스리시는 요시노 궁궐은 산이 높아 구름 감싸고 물살 빨라 물소리 청명하네.

▶ **ねる (寝る)의 존경어**

なす (寝す) (**현대어**: お休みになる)

'자다'의 뜻의 존경어이다. '자다'는 뜻의 동사 寝(ぬ)의 미연형 ね에 존경의 조동사 す 가 붙은 ねす가 음변화 해서 なす가 된 것이다.

吾を待つとなすらむ妹を会ひてはや見む　　　　　(万葉集 3978)

날 기다리다 잠이 드셨을 임을 빨리 만나고 싶어라.

▶ **あたふ (与ふ)의 존경어**

'주다'의 뜻의 与ふ의 존경어로는 고어의 대표적인 존경어 給ふ가 있다.

たまふ・たぶ (**給ふ・賜ふ**) (**현대어**: お与えになる, 下さる)

給ふ는 존경표현으로 쓰이는 존경어의 동사로 사용되는 경우와 보조동사로 사용되는 경우가 있다. 給ふ는 4단활용을 하며 상고부터 중세 초기까지는 존경어의 중심에 있었다. 상고에는 본동사로 쓰이는 용법은 '주다'의 뜻의 존경어로 사용되었으나 사용예는 많지 않다. たぶ도 주로 보조동사로 사용되었다.

草枕旅の翁と思ほして針そ賜へる縫はむ物もが　　　　　　　　　　　（万葉集 4128）

(구사마쿠라) 여행길 늙은이라 생각하시어 바늘을 주시네. 꿰맬 것도 주셨으면.

●たまへる : たまふ(4단동사)의 명령형+り(완료의 조동사)의 연체형

あしひきの山のたをりにこの見ゆる天の白雲海神の沖つ宮辺に立ちわたりとの曇り
あひて雨も賜はね　　　　　　　　　　　　　　　　　　　　　（万葉集 4128）

(아시히키노) 산봉우리 사이로 저기 보이는 하얀 구름이여. 바다의 신이 사는 용궁 가까이까지 가득 가리어 먹구름 끼게하여 비를 뿌려주시오.

참고

　　たまふ(給ふ)는 두 가지로 쓰인다. 4단동사의 たまふ는 고어에서 중요한 존경어이며, 하2단활용의 たまふ는 '받다' 는 뜻의 겸양어로 쓰인다.

　　* たまはす는 존경어 たまふ의 미연형 たまは+す(존경의 조동사)로서 たまふ보다 경의도가 높은 최고의 존경어로 쓰인다.

▶ まねく (招く)의 존경어

다른 사람을 가까이 '부르다'의 뜻의 존경어로 めす가 사용되었다.

めす(召す) (현대어 : お呼び寄せになる)

東の滝の御門にさもらへど昨日も今日も召す言こともなし　　　　　（万葉集 184）

왕자가 계셨던 궁전에서 이렇게 기다리고 있어도 어제도 오늘도 부르시는 일은 없다.

▶ ゐる・ある・いく (行く)・く (来)**의 존경어**

'있다', '가다', '오다'의 뜻의 존경어로는 ます・います・おほします가 사용되었다.

ます (坐す)・います (坐す) (**현대어** : いらっしゃる・おいでである・おありである)

상고에 '있다'의 존경어로 주로 쓰였지만 '가다・오다'의 뜻으로도 사용된 대표적인 상고의 존경어 ます는 4단활용을 한다. います는 존경어 ます에 접두어 い가 붙어 이루어진 것으로 알려져 있다.

天にます月讀壯士賄はせむ、今夜の長さ、五百夜継ぎこそ　　(万葉集 0985)
하늘에 계신 달님이시여. 제물을 바치오니 이 밤 언제까지고 영원하게 하소서.

大君のまさむと知らば玉敷かましを　　　　　　　　　(万葉集 4270)
왕께서 오시는 줄 알았다면 맞을 준비했을 터인데.

足柄の八重山越えていましなば 誰れをか君と見つつ偲はむ　(万葉集 4440)
아시가라의 첩첩산중을 넘어 가버리시면 그 누굴 당신이라 여기고 그리워하나.

おほします (大座します) (**현대어** : いらっしゃる・おいでである・おありである)

4단활용을 하며 '있다'의 뜻의 あり의 존경어 まします에 大(おほ)가 접두된 최고의 경어이다. 또한 まし는 ます의 연용형으로 거기에 다시 존경의 ます가 접속하여 최고의 경어로 된 것이라고 보고 있다.

万世に<u>おほましまさしめたまへ</u>と　　　　　　　　　　　（祝詞久度）

만세를 누리시게 하소서 하고

2) 부가형식의 존경어

동사의 뒤에 붙어서 존경의 표현으로 사용된 보조동사는 '~고 계시다'의 뜻으로 사용된 ~ます・~います가 있으며 본동사를 존경의 뜻으로 해 주는 '~하시다'의 용법으로 사용된 것과 '~해 주시다'는 뜻의 존경어로 사용된 것이 있다. 또한 상고에만 사용된 존경의 조동사 す가 보인다.

~ます・います (**현대어**: ~ていらっしゃる, ~ておいでになる)

동사의 연용형에 붙어서 존경의 뜻을 나타내는 보조동사로 쓰인다.

人の植うる田は植ゑ<u>まさ</u>ず今更に国別れして吾はいかにせむ　　　（万葉集 3746）

남들이 매는 밭일도 안 하시고 새삼스럽게 다른 지방으로 떠나니 저는 어찌 하나요.

いかならむ時にか妹を菫生の汚き屋戸に入り<u>いませ</u>なむ　　　　　　（万葉集 759）

얼마나 오래 지내어야 당신이 풀이 무성해진 황폐한 이 처소를 찾아와 주시나요.

~たまふ (**賜ふ・給ふ**) (**현대어**: お~になる, お~なさる, ~てくださる)

4단활용을 하는 たまふ는 동사나 조동사의 연용형에 붙어서 존경의 뜻을 나타낸다. 보조동사로 사용될 때에는 '~해 주시다'의 뜻으로 쓰이는 경우도 있지만 주로 그 앞에 오는 동사를 존경표현으로 만들어 주는 역할을 한다.

この御足跡八万光を放ち出だし諸々救ひ済したまはな、救ひたまはな。

(仏足石歌)

부처님의 행적이 만방에 빛을 발해 수많은 중생을 구하시고 정토로 이끌어 주소서.

●な는 상고어로서 다른 사람에 대한 바램을 나타낸다.

わが背子がその名告らじとたまきはる命は棄てつ忘れたまふな

(万葉集 2531)

당신 이름을 절대로 말하지 않으리라. (다마키하루) 목숨 걸고 맹세하니 잊지 말아 주세요.

~たぶ (賜ぶ・給ぶ) (현대어 : お~になる, お~なさる, ~てくださる)

たまふ의 유형으로서 동사의 연용형 또는 접속조사 て에 붙어서 존경의 뜻을 나타내며 4단 활용을 한다. 예는 극히 적다.

空御魂も聞きたべと (高橋氏文)

신령님도 들어주소서 하고

~す (현대어 : お~になる、~なさる、~ていらっしゃる)

4단동사형 활용을 하는 조동사 す는 상고에 널리 쓰였다. 동사의 미연형에 붙어서 존경의 뜻을 나타낸다. す는 사역의 용법에서 존경의 용법으로 변화한 것으로 본다.

この丘に菜摘ます兒家聞かな告のらさね (万葉集 1)

이 언덕에서 나물 뜯고 계시는 아가씨여. 집은 어디인가. 이름을 고하시게.

〈す의 접속과 음변화〉

존경의 조동사 す는 다른 동사의 미연형에 붙어서 존경어 동사를 만든다. 이때에 음변화가 일어나는데 동사의 종류에 따라 다르다. (a→o, e→a, i→e)

① 4단동사에 붙는 경우 : [おもふ+す : おもはす→おもほす], [きく+す : きか す→きこす], [しる+す :: しらす→しろす]

② 4단·サ변동사 이외의 동사에 붙는 경우 : [ぬ(寝 하2단) : ね+す→なす], みる(見る 상1단) : み+す→めす, [きる(着る 상1단) : き+す→けす(着す)]

상고의 す는 중고 이후의 존경을 나타내는 조동사 す (하2단형)와 혼동하지 않도록 해야 한다. 중고 이후의 존경의 す는 단독으로 사용되지 않으나 상고의 す는 단독으로 존경의 용법으로 사용된다.

2. 겸양어

1) 특정어형의 겸양어

▶ いふ (言ふ)의 겸양어

まをす (申す·白す) (현대어 : 申し上げる)

'말하다'의 뜻의 いふ의 겸양어로서 4단활용을 한다. 申す는 상고에는 まをす, 중고 이후에는 まうす의 형태를 취하며 현대어에서는 もうす로 되어 있다.

旅行きに行くと知らずて母父にことまをさずていまぞ悔しけ　　　(万葉集 4376)

면 길 떠나는 줄 모르는 부모님에게 아뢰지 못하고 온 것이 지금에야 후회스러워라.

秋さらば 帰りまさむと たらちねの 母に申して時も過ぎ 月も経ぬれば 今日か来 む 明日かも来むと家人は 待ち恋ふらむに　　　　　　　　(万葉集3688)

가을이 오면 돌아오겠다고 (다라치네노) 어머니께 아뢰었던 때도 이미 지나
세월도 흘러서 오늘 오려나 내일은 돌아올까 가족은 손꼽아 기다릴텐데.

▶ **す의 겸양어**

つかへまつる (仕へ奉る) (**현대어** : してさしあげる)

'모시다'는 뜻의 겸양어로서 4단활용을 한다. つかふ의 연용형에 겸양
의 보조동사 まつる 가 붙어서 한 단어화한 것이다. 중고시대 이후는 つか
うまつる, つかまつる의 형태로 사용된다.

其しが尽くるまでに大君に堅くつかへまつらむと　　　　　　　　　(日本書紀)

그것이 다할 때까지 왕을 충실히 모시고자

万代につかへまつらむ黑酒白酒を　　　　　　　　　(万葉集 4275)

만대에까지 모시겠나이다. 흑주 백주 빚어서.

▶ **くふ (食ふ)·のむ (飲む) 의 겸양어**

たまふ (賜ふ·給ふ) : (**현대어** : いただく, ちょうだいする)

아래의 예의 たまへ는 '받다'의 뜻과 '마시다'의 뜻의 두 가지로 해석되
는 겸양어로서 하2단활용을 한다.

古人の食へしめたる吉備の酒 病めばすべなし　　　　　　　　(万葉集 554)

옛 사람들이 마시라고 주셔서 받잡은 기비 지방 술도 취하니 도리가 없네.

▶ **あたふ (与ふ)의 겸양어**

まつる (奉る) (**현대어** : 差し上げる, 献上する)

수여의 뜻인 '주다'(与ふ)의 겸양어로서 4단활용을 한다.

わが衣形見にまつる　　　　　　　　　　　　　　　　　　（万葉集 636）

나의 이 옷을 정표로 드리오.

たてまつる (奉る) (현대어 : 差し上げる, 献上する)

'주다'의 뜻의 겸양어 まつる에 たて가 붙어서 与ふ의 겸양어로 사용되며
다음 시대로 이어진다.

唐國に行き足らはして還り来むますら健男に御酒奉る　　　　（万葉集 4262）

견당사로 가서 임무를 다하고 다시 돌아올 훌륭한 사내장부에게 술을 받
쳐야지.

▶ もらふ의 겸양어

たまふ (賜ふ・給ふ) (하2단활용동사)(현대어 : いただく, ちょうだいする)

물건을 '받다'의 뜻의 겸양어와 '먹다・마시다'의 뜻의 겸양어로 사용되
었는데 이 경우는 하2단활용을 한다. '먹다・마시다'의 뜻으로 쓰인 예는
적으며 그러한 예들도 '받다'의 뜻으로도 해석된다.

魂は朝夕べにたまふれどあが胸痛し恋の繁きに　　　　　　（万葉集 3767）

당신 마음은 아침저녁으로 받잡고서도 이 내 맘 아프도다. 사랑의 괴로움으로.

たぶ (賜ぶ・給ぶ) (현대어 : いただく, ちょうだいする)

물건을 '받다'의 뜻의 겸양어로 사용되고 있다. たぶ (賜ぶ・給ぶ) 는 후
세에는 '먹다', '마시다'의 겸양어로 사용되는데 상고에는 아직 '받다'의 뜻
의 겸양어로 사용되고 있다.

古人の食へしめたる吉備の酒 病めばすべなし 貫簀賜らむ　　（万葉集 554）

옛 사람들이 마시라고 주신 기비 지방 술도 취하니 도리가 없네. 깔개를
받고 싶네.

たばる・たまはる (**현대어**: いただく, ちょうだいする)

'받다'의 뜻의 겸양어로서 4단활용을 한다. 이 중 たばる는 상고에 사용
된 겸양어 동사이며 중고시대 이후는 たまはる로 변화한다.

我が君に、戯奴は戀ふらし、賜りたる、茅花を食めど、いや痩せに痩す

(万葉集 1462)

내님을 이 몸이 그리워하나 보오 임께 받잡은(임께서 주신) 띠 꽃을 먹는
데도 점점 더 말라가네.

足柄のみ坂給はり返り見ず吾は越え行く　　　　　(万葉集 4372)

아시가라의 고개를 산신 허락 받잡아(허락해주시어) 뒤도 안 돌아보고 나
는 넘어간다네.

▶ いく (行く)・く (来)의 겸양어

상고에는 まゐる와 まかる의 예가 보인다. 이 두 가지 동사는 신분이 낮
은 데에서 신분이 높은 곳으로(まゐる), 높은 곳에서 낮은 곳으로(まかる)와
같이 반대되는 이동의 형태를 겸손하게 표현하는 것이다. '찾아뵙다'의
뜻의 まゐづ의 예도 보인다.

まゐる (**参る**) (**현대어**: まいる)

귀인이 있는 곳으로 '가다' '오다'의 뜻의 겸양어이다. 어원적으로는 ま
ゐ+いる로서 ま(目)＋ゐ(居)る라고 보고 있다.

一日には千たび<u>参入り</u>し東の大き御門を入りかてぬかも　　　　　　（万葉集 186）

하루 동안에도 몇 번이고 찾아뵙던 동쪽에 있는 큰 궁궐 문이지만 이제 못 들어가네.

まかる (罷る) (현대어 : 退出する, おいとまする)

고귀한 사람 앞에서 '물러가다'는 뜻의 겸양어로서 4단활용을 한다. 어디까지나 하위자의 입장에서 사용하는 말로서 궁중에서 퇴청하는 경우가 본래의 뜻이지만 다른 지방, 또는 외국으로 파견되는 경우에도 쓰이고 '세상을 뜨다'는 뜻의 겸양어로도 사용된다.

憶良らは今は<u>まからむ</u>　　　　　　（万葉集 337）

오쿠라는 이제 물러가옵니다.

*ら(접미어)는 복수를 나타내기도 하지만 자기 자신을 낮추는 겸양의 뜻으로 쓰인다.

大君の命かしこみ天ざかる夷辺に<u>退る</u>　　　　　　（万葉集 1019）

왕이 내리신 명을 받잡고서 (아마자카루) 변방으로 떠나오니.

まゐづ (参出) (현대어 : うかがう)

'찾아뵙다'의 뜻의 겸양어로서 하2단활용을 한다. まゐいづ에서 변화한 것으로 상고에 사용된 겸양어이다. 중고에는 まうづ로 변한다.

桜花咲きなむ時に山たづの迎へ<u>まゐでむ</u>君が来まさば　　　　　　（万葉集 971）

벚꽃나무에 꽃이 피어날 때에 (야마다쓰노) 마중 나가오리다. 당신이 오신다면.

'~하게 하다'는 뜻의 겸양어

상고에는 다른 사람에게 동작을 시키는 행위의 겸양어가 있다.

1) います(坐す・在す)는 '있다', '가다・오다'의 동작을 나타내는 존경어인데 그 행동을 시키는 겸양어로도 쓰였다.

他國に君をいませて　　　　　　　　　　　　　　(万葉集 3749)

타향으로 당신을 가시게 하고

2) たてまつる (奉る)는 다른 사람에게 동작을 시키는 '찾아가게 하다'의 뜻의 겸양어로도 쓰였다.

難波の宮は聞こし食す四方の国より 奉る御調の船は堀江より

　　　　　　　　　　　　　　　　　　　　　　　(万葉集 4262)

나니와 궁에는 통치하시는 여러 지방에서 바치게 한 공물 실은 배가

호리에로부터 수로를 따라서

2) 부가형식

~まをす (申す・白す) (현대어 : ~申し上げる)

동사의 연용형에 붙어서 겸양어로 사용된다. 4단활용을 한다.

天飛ぶや鳥にもがもや 都まで送りまをして飛び帰るもの　　(万葉集 876)

(아마토부야) 새가 되고 싶어라. 도읍지까지 보내드리고 다시 날아 돌아올 텐데.

~まつる (**현대어**：お～申し上げる, お～する)

상고어로서 동사의 연용형에 붙어서 겸양어로 사용된다. 4단활용을 한다.

降る雪の白髪までに大皇(おほきみ)に仕へ<u>まつれ</u>ば貴くもあるか

(万葉集 3922)

내리는 눈처럼 백발이 될 때까지 왕을 섬기어 모시오니 황송할 따름이네.

참고

~まつる

まつる는 중고 이후에는 たてまつる, つかうまつる와 같이 겸양어를 이루는 일부의 요소가 되어 독립성을 잃지만 상고시대에는 겸양어로서 본동사와 보조동사로 사용되었다.

二. 호칭, 인물, 사물 관련 표현

1. 인칭대명사

1인칭	あ あれ わ われ わけ わぬ わろ やつがれ
2인칭	あぎ あぎみ い いまし おれ きみ し な なれ まし みまし わけ
3인칭	かれ
부정칭	た たれ

1) 1인칭

わ, われ는 이미 이 시대에 예가 보인다. 그 외에 わけ는 1인칭과 2인칭 양쪽으로 사용되었다. やつがれ는 근세에까지 남아서 남성의 고풍스러운 표현으로 사용되지만 이 시대에는 남녀 모두가 사용하였다.

今日今日とあを待たすらむ　　　　　　　　　　　　（万葉集 890）

오늘은 올까 오늘은 올까하고 나를 기다리겠지.

子泣くらむそを負ふ母もわを待つらむそ　　　　　　（万葉集 337）

아이는 울겠지 그 아이를 업은 어미도 나를 기다리겠지.

- れ -

われ는 1인칭 わ에 れ가 붙어서 생긴 것이다. れ는 인칭을 나타내는 말에
붙어서 또 다른 인칭을 만들어 준다. 이런 종류로는 あれ, われ, おのれ, たれ
와 같은 인칭들이 있다.

2) 2인칭

상고의 일반적인 2인칭은 あぎ, あぎみ, いまし, きみ이며 御座(みまし)는
경의가 높은 상고어이다. 한편, 하위자나 비하하는 상대방에게 사용하는
2인칭으로는 い, わけ, な, なれ, まし가 있다.

ほととぎすなれだに来鳴け　　　　　　　　　　　　（万葉集 1499）

두견새여, 너라도 와서 울어주렴.

いましを頼み母に違ひぬ　　　　　　　　　　　　　（万葉集 3359）

당신만을 믿고서 어머니를 등졌네.

みましの父とます天皇の　　　　　　　　　　　　　（続日本紀）

당신의 아버님이신 왕의

3) 3인칭

3인칭대명사로는 *かれ*가 있다.

誰ぞ<u>かれ</u>と問はば答へむすべをなみ君が使を帰しやりつも　　　(万葉集 3359)

그가 누구냐 물으셔도 답할 도리가 없어 임이 보낸 사람을 돌려보내었다네.

2. 접두어

상고에 경의가 높은 존경접두어로 사용된 것으로 *おほ*와 *み*가 있다.

おほ(大) : 상고에 신, 왕 등에 관련된 명사에 붙어서 존경과 찬사를 나타내었던 경의가 높은 접두어이다.

おほがみ(大神 : 신), *おおきみ*(大君 : 왕)

み(御·美) : *み*는 사람을 나타내는 말에 붙으면 존경의 뜻을 나타내며 또 근감을 나타내기도 한다. 그 외에 미칭으로 사용되기도 한다.

御霊(영혼), 御民(왕의 백성)

おほみ(大御) :　신, 왕에 관한 말에 붙는 경의가 높은 존경접두어이다.

大御酒(신주), 大御言(왕명)

3. 접미어

상고에 사람을 나타내는 말에 붙어서 복수를 나타내는 접미어는 *たち*, *ら*가 사용되었다. *たち*는 존경의 뜻을, *ら*는 자신을 나타내는 말에 붙어서 겸손을 나타낸다.

この我子を唐国へ遣る斎へ神<u>たち</u>　　　　　　　　　　（万葉集　4240)

사랑하는 아들을 중국에 보냅니다. 지켜주십시오. 신들이시어.

憶良<u>ら</u>は今は罷らむ　　　　　　　　　　　　　　　　（万葉集　337)

오쿠라는 이제 물러가옵니다.

4. 조사 : の・が

　명사에 붙는 격조사 の・が는 대우의식에 의한 구분이 있었다고 한다. の는 존경해야 할 사람 또는 친하지 않은 사람을 나타내는 말에, が는 비하의 감정이나 친한 사람을 나타내는 말에 붙어서 쓰였다고 한다.

神の御門(신이 계신 곳)

妹が心(님의 마음), 吾が恋(내 사랑)

2장 중고의 경어

　중고는 상고보다 폭 넓게 경어 사용이 이루어지고 있다. 중고의 경어의 특징으로는 왕에게는 최고의 경어를 쓰며(おぼしめす, のたまはす, 仰せらる 등), 일반 왕족들에게는 다음 단계의 경어(おぼす, のたまふ 등), 그 이하의 계층에게는 가벼운 경어(思ひ給ふ, 言はる 등)를 쓰는 등, 그 사용의 구분이 엄격하였다. 한편, 화자가 자기 쪽 상위자에 대한 경어를 간략화 하는 상대경어의 경향이 나타나기 시작했다. 청자에의 배려에 의해 사용되는 정중어(청자경어)로는 はべり의 사용을 들 수 있다. 또한, 화자가 화제의 인물과 청자에 대해서 동시에 경의를 나타내는 표현방법으로서 겸양어와 존경어를 동시에 사용하는 2방면경어가 자연스럽게 사용되었으며 왕이 사용하였던 자경표현이 거의 없어진다. 그 외에, 시가(와카 등)에 경어를 사용하는 일이 없어지고 서정적 표현으로서 나타내게 되었다. 이는 상고의 만요슈(万葉集)등과 차별화되는 점이다.

一. 용언의 경어형

　다음은 중고에 사용된 동사의 특정어형의 존경어와 겸양어이다.

보통어·현대어 (한국어역)	고어	존경어	겸양어
言う (말하다)	いふ	のたまふ・のたまはす ・のたうぶ おほす・おほせらる	まうす, きこゆ, きこえさす, そうす, けいす
思う (생각하다)	おもふ	おぼす・おぼしめす ・おもほす	
見る (보다)	みる	ごらんず	
聞く (듣다)	きく	きこしめす	うけたまはる
する (하다)	す	あそばす	つかうまつる
着る (입다)	きる	たてまつる めす	
乗る (타다)	のる	たてまつる	
食う・飲む (먹다·마시다)	くふ・のむ	まゐる, たてまつる, めす, きこしめす	たぶ たうぶ
知る (알다)	しる(知る)	しろしめす	
承知する(알겠다)	しょうちす		うけたまはる
治める (다스리다)	しる(領る)	しろしめす	
寝る (자다)	ねる	おほとのごもる ぎょしんなる	
もらう (받다)	もらふ		たまはる
与える (주다)	あたふ	たまふ たまはす たぶ たうぶ	たてまつる, まゐる, まゐらす
招く (부르다)	まねく	めす	
いる・ある・行く・ 来る (있다·가다·오 다)	ゐる・ある いく・く	おはす, おはします, ます・います・まします, いまさうず・いますかり	まゐる, まうづ, まかる・まかづ, さんず
いる・ある(있다)	ゐる・ある		はべり さぶらふ

1. 존경어

중고의 동작을 나타내는 동사의 존경어로는 のたまふ, きこしめす, おほす 등의 특정어형과 부가형식의 존경어가 있다. 특징적인 것으로는 たまふ 이외에 せ(させ)たまふ와 같은 최고경어가 등장하는 등 더 다양해졌다. 부가형식은 す・さす・しむ와 る・らる가 본연의 문법의 기능에서 경어용법이 파생된 것도 중고에 들어서이다.

1) 특정어형의 존경어

▶ いふ (言ふ)의 존경어

중고에는 '말하다'의 뜻의 존경어로는 のたまふ・のたまはす, おほす・おほせらる가 사용되었는데 최고경어로 사용된 것은 のたまはす와 おほせらる이다. 중고에서는 のたまはす가 おほせらる보다 많이 사용되었으나 중고말기가 되면 점차로 のたまはす는 소멸되게 된다.

のたまふ (宣ふ) (현대어: おっしゃる)

のたまふ는 '선언하다'의 뜻의 동사 宣る에 たまふ가 붙은 のりたまふ의 변화형이다. 상위자가 자기 생각을 하위자에게 표명하여 내린다는 뜻에서 중고 이후에 '말하다'의 뜻의 존경어로 사용되었다.

> さのたまはば、今日は立たじ　　　　　　　　　　　　　(枕草子)

그리 말씀하신다면 오늘은 자리를 안 뜨겠네.

のたまはす (宣はす) (현대어: おっしゃる)

のたまはす는 のたまふ의 미연형(-a)에 조동사 す가 붙어서 한 단어화한 것으로 のたまふ보다 경의가 높다. 아래의 예에서도 더 지위가 높은 후지

와라노 미치나가(藤原道長)의 언행에는 のたまはす, 다이나곤(大納言)의
언행에는 のたまふ가 사용되어 경의도가 구별되어 있다.

入道殿、かの大納言いづれの船にか乗らるべき、と宣はすれば、「和歌の船
に乗り侍らむ」と宣ひて、よみ給へるぞかし、　　　　　　　　　　（大鏡）

뉴도(미치나가)가 다이나곤(긴토)은 어느 배를 타실건가 하고 말씀하시자,
와카의 배에 타겠다고 말씀하시고는 와카를 읊으셨다.

のたうぶ (宣ぶ) (**현대어**: おっしゃる)

のたうぶ는 のたぶ에서 파생된 것이라는 설도 있다. たまふ・たぶ・たうぶ
의 관계와 유사하다. 사용 예는 많지 않다.

去年よりいとせちにのたうぶことのあるを　　　　　　　　　　（蜻蛉日記）

작년부터 극진히 말하시는 것이 있는데

おほす (仰す) (**현대어**: おっしゃる, お命じになる)

おほす는 '명령하시다', '말씀하시다'의 뜻으로 사용되었는데 중고에는
'명령하시다'의 뜻으로 주로 사용되었고 '말씀하다'라는 뜻의 존경어로 사
용된 것은 중세에 들어서이다. 다음의 예는 '명령하시다'의 뜻의 존경어
이다.

かの十五日、司々におほせて二千人の人を竹取が家に遣はす　　（竹取物語）

그 달 보름이 되자 (왕은) 각 관청 관리들에게 명하시어 2천명을 다케토
리 옹의 집으로 파견하셨다.

おほせらる (仰せらる) (**현대어**: おっしゃる)

중고에는 '말하다'의 존경어로 おおせらる가 사용되었다. '말하다'의 뜻의 존경어로는 おほす보다 おほせらる가 먼저 사용되었다고 한다.

他人の言はむやうに、心得ず<u>おほせらる</u>　　　　　　　(源氏物語)

(히카루겐지 답지 않게) 다른 사람이 말하는 것처럼 영문을 알 수 없는 말씀을 하셨다.

▶ おもふ (思ふ)**의 존경어**

'생각하다', '마음에 두다'의 뜻의 존경어는 おぼす, おぼしめす, おもほす가 있다. おもほす는 思ふ의 미연형(おもは)에 존경의 す가 붙은 おもはす가 음변화를 일으켜서 생긴 것이다. 상고부터 보이며 중고후기에는 쇠퇴한다. 이 おもほす가 변화하여 おぼす가 생긴다. おぼしめす는 おぼす에 존경의 めす가 접속하여 생긴 것이므로 おぼす보다 경의가 높으며 중고에는 왕족 등 특히 신분이 높은 사람들의 행위에 쓰였다. 한편 상고에는 おもほす에 めす가 붙은 존경어 おもほしめす가 존재하므로 おぼしめす를 おもほしめす의 축약이라고 보는 의견도 있다.

おぼす (思す) (**현대어**: お思いになる)

おもほす가 변화한 おぼす는 중고에는 널리 쓰이고 있었다.

かぐや姫少しあはれと<u>おぼしけり</u>。(竹取物語)

가구야히메는 좀 가엾다고 생각하셨다.

おぼしめす (思し召す) (**현대어**: お思いになる)

いかでなほ少しひがこと見つけてをやまむ、とねたきまでにおぼしめしけるに

(枕草子)

어떻게든지 조금이라도 틀린 곳을 찾아내면 끝내겠다고 (왕은) 분하게 생각하셨다.

おもほす (思ほす) (**현대어**: お思いになる)

この君をば、わたくしものにおもほしかしづき給ふこと限りなし　　　(源氏物語)

(왕은) 어린 왕자(겐지)를 자신의 귀한 자식라고 생각하시고 소중하게 기르심이 지극하시다.

▶ **みる (見る)의 존경어**

중고에 보이는 '보다'의 뜻의 존경어로는 御覧ず의 예가 있다. 그 외에 みそなはす가 있는데 이는 한문훈독계의 문헌에 사용되었다고 한다.

ごらんず (御覧ず) (**현대어**: ご覧になる)

한자어 ご覧에 す가 붙어서 생긴 복합어이다. 경의가 높은 존경어로 중고부터 사용되기 시작하였다. 왕이나 왕족 등 특히 신분이 높은 사람의 행위에 쓰였다.

いつしかと心もとながらせたまひて、急ぎ参らせて御覧ずるに、めづらかなるちごの御容貌なり。

(源氏物語・桐壷)

한시라도 빨리 만나고 싶어 서둘러 궁궐에 들게 하여 보시니, 비길 데 없이 아름답고 귀여운 용모였다.

▶ きく (聞く)의 존경어

きこしめす (聞し召す) (현대어 : お聞きになる)

聞こしめす는 '듣다'의 뜻과 '먹다'의 뜻의 존경어로 쓰인다. 여기에서는 '듣다'의 뜻의 존경어이다. 聞こす는 聞く의 미연형(-a)에 조동사 す가 붙어서 한 단어화한 聞かす가 음변화한 것인데 聞こしめす 는聞こす와 めす의 복합어이다.

上もきこしめし、めでさせ給ふ　　　　　　　　　　　　　　　　(枕草子)

왕께서도 들으시고 감탄하셨다.

顔かたちよしと聞し召して、御使ひを賜びしかど、　　　　　　　(竹取物語)

(가구야히메의) 용모가 뛰어나다고 (짐이) 들으시고 사자를 보내셨는데

참고

聞こし召す/ 聞き給ふ, 御覧ず/見給ふ

'듣다'의 뜻의 존경어로는 きこす에 めす를 붙인 복합동사로서의 きこしめす 와 보통어 きく에 존경의 보조동사 たまふ를 부가하여 사용한 예가 보인다. 이 경우 聞き給ふ보다 聞こし召す가 경의가 높다. 이와 같은 예로 ごらんず와 見給ふ가 있다.

▶ す의 존경어

あそばす (遊ばす) (현대어 : なさる)

'하다'의 뜻의 존경어 あそばす는 상고에는 '사냥을 하시다', '악기를 연주하시다'의 뜻으로 사용되었으나 중고에서는 의미가 확장되어 '노래를 지으시다' 등의 뜻으로도 사용되었다. 또한, 단독으로 하다의 뜻의 존경어로도 사용되었다.

これかれ御琴ドも遊ばして、夜一夜遊び明かし給フ。　　　　　　（宇津保物語）
(주나곤) 여러 가지 오코토 등을 연주하시며 밤을 지새우셨다.

師殿の院にて人々集めて弓あそばししに、この殿渡らせたまへれば　　　（大鏡）
(이슈공이 남 원에 사람들을 모아놓고 활쏘기 대회를 하셨을 때에 미치나
가공이 나타나셨기 때문에.

▶ きる (着る)의 존경어

상고와는 다르게 중고에서 사용된 '입다'의 뜻의 着る의 존경어는 たてま
つる, めす가 사용되었다.

たてまつる (奉る) (현대어 : お召しになる)

たてまつる는 중고에 '입다' '먹다' '타다'의 존경어로 높은 경의를 나타내
었다.

いと暑しや。これより薄き御衣たてまつれ。　　　　　　　　　　（蜻蛉日記）
몹시 덥군요. 더 얇은 옷을 입으시지요.

めす (召す) (현대어 : お召しになる)

しのび入りて、人見ぬ廊に、御直衣ども召して、　　　　　　　　（源氏物語）
몰래 들어가 사람 눈을 피하여 복도에서 평복을 가져오게 하시어 갈아입
으시고

▶ のる (乗る)의 존경어

중고에 '타다'의 존경어로 사용된 것으로는 たてまつる의 예가 보인다.

たてまつる (奉る) (**현대어**: お乗りになる)

御輿にたてまつりてのちに　　　　　　　　　　　　　　　　　　(竹取物語)

(왕은) 가마를 타시고 나서

참고

- たてまつる (奉る) -

たてまつる는 헌상하다는 뜻의 まつる와 たて가 결합하여 이루어진 것이다. たまふ와 たてまつる는 '주다'의 뜻의 경어동사이지만 たまふ는 상위자가 하위자에게 주는 행위를 나타내는 존경어동사이며, たてまつる는 하위자가 상위자에게 헌상하는 행위를 나타내는 겸양어동사이다. 처음에는 이처럼 받는 사람(객체)을 높여서 겸양어(객체존경어)로 사용되었으나 중고 이후에는 아랫사람이 드리는 것을 받는 동작을 높이게 되어 (귀한 분이) '옷을 입으시다' '타시다' '드시다'는 의미의 존경어로도 사용되게 되었다.

또한 중고이후에는 たてまつる에는 본래의 '드리다'의 의미 보다는 다른 동사에 붙어서 그 동사를 겸손하게 표현하는 역할을 하게 된다(현대어의 お~する, お~申し上げる) 이처럼 보조동사로 사용되는 예는 중세 이후에 参らす, 申す로 교체되지만 문장체나 격식 있는 표현에는 그 후에도 사용되었다.

▶ **くふ (食ふ)・のむ (飲む))의 존경어**

중고시대의 '먹다・마시다'의 뜻의 존경어로는 まゐる, たてまつる, めす와 聞こしめす가 사용되었다.

まゐる (参る) (**현대어**: 召し上がる)

まゐる는 본래 겸양어이었으나 '먹다, 마시다'의 존경어로 전용되었다.

おもひ慰めて、御湯などをだにまゐれ。　　　　　　　　　　　　(源氏物語)

마음을 진정시키시고 따뜻한 물이라도 드십시오.

まゐる(参る)

　현대어에서 まゐる는 '가다·오다'의 겸양어이지만, 고어의 参る는 그 외에 다른 용법이 있다. 타동사(4단)로 쓰이는 まゐる는 본래는 다른 사람에게 물건을 '드리다'는 뜻의 겸양어이었으나 '드린' 행위를 받는 귀인의 행위를 높이는 존경어로 사용되게 되었다. 그래서 '먹다', '마시다'의 존경어로 사용되었다.

たてまつる (奉る) (**현대어** : 召し上がる)

　본래는 겸양어이었으나 존경어로 전용되어 상고에 이어 '먹다, 마시다'의 존경어로 사용되었다.

一人の天人言ふ、壺<ruby>つぼ</ruby>なる御薬たてまつれ　　　　　　　　　(竹取物語)

　천상에서 온 분들 중 한분이 말하기를 "단지에 든 약을 드십시오."

めす (召す) (**현대어** : 召し上がる)

　'먹다, 마시다'의 뜻의 존경어이다. 상고에도 이미 사용되었던 것이다.

鳥のつい居たるかたを瓶<ruby>かめ</ruby>に造らせたまひて、興あるものに思<ruby>おぼ</ruby>して、ともすれば

御酒<ruby>おほんみき</ruby>入れて召す。　　　　　　　　　　　　　　　　　(大鏡)

　싸바귀가 앉아 있는 모양의 병을 만들게 하시고 흥취에 젖으시어 곧잘 술을 넣어 드신다.

きこしめす (聞こし召す) (**현대어** : 召し上がる)

　상고에는 '듣다', '다스리다'의 존경어로 쓰이던 きこしめす가 중고에는 '먹다·마시다'의 존경어로 사용된 예가 보인다.

いとあはれがらせ給ひて、物もきこしめさず (竹取物語)

(왕은) 매우 슬퍼하시어 아무 것도 드시지 아니하고

▶ しる (知る)의 존경어

중고에 사용된 '알다'의 뜻의 존경어로는 しろしめす의 예가 보인다.

しろしめす(현대어 : しっていらっしゃる, おわかりでいらっしゃる)

かの御代や、うたの心をしろしめしたりけむ (古今和歌集)

그 치세에는 와카의 본질을 아시고 계셨던 것이겠지.

▶ しる (領る)의 존경어

상고에는 '다스리다'의 뜻의 존경어가 다양하게 사용되었지만 중고에
는 예가 적어지는데 古今和歌集에 しろしめす의 예가 보인다.

しろしめす (현대어 : お治めになる)

今すべらぎの、天の下しろしめすことよつのとき、ここのかへりになむなりぬる 古
今和歌集)

지금의 왕께서 세상을 다스리시기를 사계절이 아홉 번이 지났다.

▶ ねる (寝る)의 존경어

중고에 보이는 '자다'의 뜻의 ぬ(寝)의 존경어로는 おほとのごもる(大殿籠
る)와 ぎょしん(御寝)なる의 예가 보인다.

おほとのごもる (大殿籠る) (현대어 : おやすみになる)

大殿籠る는 왕이나 신분이 높은 분이 잠자리에 드는 것을 높여서 말하는 것이다. 중고의 가나문학에 많이 사용되었다.

親王、<u>御殿籠ら</u>で明かしたまうてけり。 （伊勢物語）

왕자는 침소에 드시지 않고 밤을 지새우셨다.

ぎょしんなる (御寝なる) (**현대어**：おやすみになる)

天皇のその時に<u>御寝なり</u>て、御覧ぜずなりにけり。 （今昔物語）

왕께서 그때 주무셔서 아직 보시지 못하셨다.

▶ あたふ (与ふ)의 존경어

'주다'의 뜻의 존경어로는 상고부터 사용되던 たまふ가 중고에도 사용되고 있다. たまふ는 상위자가 하위자에게 행하는 행동에 대한 존경어로 사용되었다. たぶ는 상고에도 사용되었으나 たうぶ는 주로 중고에 사용되었다. たぶ는 경의가 낮아져서 중고에는 たうぶ와 같이 속어적이며 남성들의 구어체에서 사용되었다.

たまふ (賜ふ・給ふ) (**현대어**：くださる)

たまふ는 두 가지로 쓰인다. 4단동사의 たまふ는 존경어이며, 하2단활용의 たまふ는 현대어의 です・ます・でございます에 해당하는 정중어로 쓰인다. 여기서는 4단동사의 존경어를 말한다.

仏の御石の鉢というものがあります。それを取りて<u>たまへ</u>。 （竹取物語）

부처의 돌 주발이라는 것이 있습니다. 그것을 가져와 주십시오.

たまはす (賜はす・給はす) (현대어 : 〈ださる〉)

たまはす은 존경어 たまふ의 미연형(-a)에 す가 첨가되어 한 단어화한 것으로 たまふ보다 경의도가 높다.

かの奉る不死の薬に、また、壺具して御使ひに賜はす。　　　　(竹取物語)

(가구야히메가 왕에게) 헌상한 불사의 약에 단지도 또한 같이 (왕이) 사자에게 주셨다.

たぶ (賜ぶ・給ぶ) (현대어 : 〈ださる〉)

この人々、ある時は竹取を呼び出て「娘をわれにたべ」と、ふし拝み

　　　　　　　　　　　　　　　　　　　　　　　　　　　　　(竹取物語)

이 귀공자들은 어떤 때는 다케토리 옹을 불러내서 "따님을 나에게 주시게"라고 엎드려 청하고

たうぶ (賜ぶ・給ぶ) (현대어 : 〈ださる〉)

それは隆円にたうべ。　　　　　　　　　　　　　　　　　　(枕草子)

그것(피리)은 이 류엔에게 주십시오.

참고

존경어 たまふ와 たぶ, たうぶ의 관계는 たまふ→たむぶ→たうぶ→たぶ와 같이 たまふ의 전이로 보는 설, たぶ에 반복을 나타내는 상고의 조동사 ふ가 접미되어 たまふ가 되었다는 설이 있으나 전자의 설이 일반적이다.

▶ まねく (招く)의 존경어

다른 사람을 가까이 '부르다'의 뜻의 존경어로 めす가 사용되었다.

めす(召す) (현대어: お呼び寄せになる)

<u>大臣上達を召して</u>、「いづれの山か天に近き」と問はせ給ふに　　(竹取物語)

(왕은) 귀족 당상관들을 부르시어 천상에 가장 가까운 산이 어디인가라고
물으시니

▶ ゐる・ある・いく (行く)・く (来)의 존경어

'있다'와 '가다・오다'의 뜻의 존경어로는 중고에 새로 おはす・おはします가 대두되어 주로 사용되었다. 상고부터 사용된 것으로는 います・まします가 있다. 그리고 います에서 파생된 いまさふ・いまさうず・いますがり・いますからふ・いまそがり・みまそがり가 있다.

おはす・おはします

중고에서 사용된 존재를 나타내는 '있다'의 뜻의 대표적인 존경어로는 おはす・おはします가 주로 사용되었다. ます・います는 주로 상고에 쓰였지만 중고에는 います는 예가 보이지만 ます는 예가 적다. 존경어의 형태인 おはす와 おはします의 용법은 존재를 나타내는 존경어(현대어의 いらっしゃる・おありになる) 이외에 이동을 나타내는 행위의 존경어(현대어의 いらっしゃる・おいでになる)로도 사용되고 있다. おはします는 おはす보다 경의가 높아서 고귀한 분을 나타내는 표현으로 많이 쓰였다.

おはす (**현대어** : いらっしゃる・おありになる)

われ朝ごと夕ごとに見る竹の中におはするにて知りぬ。　　　　　(竹取物語)

이 몸이 매일 아침저녁으로 보는 대나무 안에 계시어 알게 되었지요.

御供に、むつましき四五人^{よたりいつたり}ばかりして、また暁に、おはす。　　　　　(源氏物語)

수행인으로 부하 네 다섯을 데리고 아직 날이 밝기 전에 나가신다.

おはします (**현대어** : いらっしゃる・おありになる・おいでになる)

昔、惟高親王と申す親王おはしましけり。

옛날에 고레다카라고 하는 왕자가 계셨다.

ただ舎人二人召継として、やつれ給ひて、難波の辺におはしまして，問ひ給ふ
ことは、　　　　　(竹取物語)

(다이나곤은) 하인 둘만 수행인으로 데리고 눈에 띄지 않는 차림새를 하시
고 나니와 근처까지 가시어 물으시기를

ます・います・まします・いまさうず・いますがり)

중고의 '있다', '가다·오다'의 뜻의 존경어로는 おはす・おはしますが 일
반적으로 사용되고 ます・います는 용례가 많지 않다. ます・います는 주로
상고에 쓰였으며 중고에는 훈점본에 남아서 고풍스러운 표현이 되었다.

ます (坐す) (**현대어** : いらっしゃる・おありになる・おいでになる)

海にます神の助けにかからずは潮のやほあひにさすらへなまし　　　　　(源氏物語)

바다에 계신 신들의 가호가 없었더라면 파도 일렁이는 바다 떠돌고 있을
터인데.

います (坐す) (**현대어** : いらっしゃる・おありになる・おいでになる)

<u>いませ</u>ぬ後なれど、この世の光はいと面目ありかし　　　　　　　　(大鏡)

(쓰네쿠니님은)계시지 않은 후(돌아가신 후)의 일이지만 세상의 광영으로
칭송을 받으셨다.

右大將の宇治へ<u>います</u>ること、なほ絶えはてずや。　　　　　　(源氏物語)

우다이쇼(가오루)가 우지에 가시기를 아직도 계속하시는가.

まします (**현대어** : いらっしゃる・おありになる・おいでになる)
ます를 중첩하여 사용된 존경어이다. 종고에서 중세에 걸쳐 사용되었다.

神・仏、明らかに<u>ましま</u>さば、この憂へ休め給へ　　　　　　(源氏物語)

신불이여 진정 계시다면 이 근심 헤아려 주옵소서.

御身は金の色にして、三十二の相<u>まします</u>　　　　　　(今昔物語集)

온몸은 황금색으로 (부처님의) 32가지의 상이 있으시다.

いまさうず (**현대어** : いらっしゃる・おありになる・おいでになる)

いとよく参りたる御房たちも<u>いまさうじ</u>けり。　　　　　　(大鏡)

(죽을) 꽤 많이 드신 스님들도 계셨다.

いますがり (**현대어**：いらっしゃる・おありになる・おいでになる)

翁のあらむ限りは、かうてもいますかりなむかし。　　　　　　　(竹取物語)

이 늙은이가 살아있는 동안은 이대로도 계실 수가 있겠지요.

2) 부가형식의 존경어

~たまふ (**현대어**：お~になる・お~なさる・~てくださる)

たまふ(賜ふ・給ふ)는 중고시대에 가장 활발하게 사용된 존경의 보조동사는 たまふ이다.

① たまふ는 모든 동사의 연용형에 붙으며 그 표현을 존경표현으로 만들어 준다.

人目もいまはつつみたまはず泣きたまふ。　　　　　　　　　　(竹取物語)

(가구야히메는) 남의 눈도 이제는 개의치 않으시고 슬피 우셨다.

『この戸開けたまへ』とたたきけれど　　　　　　　　　　　　(伊勢物語)

(남자는)"이 문을 열어주시오"하고 두드렸지만

② 중고시대에 특별히 給ふ가 조동사 す・さす・しむ와 합쳐져서 せ給ふ・させ給ふ・しめ給ふ와 같이 쓰이면 왕이나 왕족에게 사용하는 최고의 존경어표현이 되었다.

上も、笑はせ給ふ。　　　　　　　　　　　　　　　　　　　　(枕草子)

왕께서도 웃으셨다.

いとこまやかに、ありさまを問はせたまふ。　　　　　　　　　　　　　（源氏物語）

매우 소상히 모습을 물으셨다.

～たぶ (현대어: お～になる,～なさる, ～てくださる)

たぶ (賜ぶ・給ぶ)는 동사의 연용형 또는 접속조사 て에 붙어서 존경의
뜻을 나타낸다.

もし、金賜はぬものならば、かの衣の質返したべ　　　　　　　　　（竹取物語）

만일 돈을 주시지 않을 거라면 그 옷을 돌려주십시오.

～ます・～います (현대어: お～になる・お～なさる)

ひととせにひとたび來ます君待てば、宿貸す人もあらじとぞ思ふ。（古今和歌集）

한해에 한번 찾으시는 당신을 기다리자니 머물 곳 내어줄 이도 없을 거라
생각하네.

をこなりと見てかく笑ひいまするが、恥づかし　　　　　　　　　　（枕草子）

어리석다고 생각하여 이렇게 웃고 계시니 민망하다.

～おはす・～おはします (현대어: ～ていらっしゃる)

いる・あるの 존경어로 사용된 おはす・おはしますと 보조동사로도 사용
된다.

① 동사나 조동사의 연용형에 붙거나 て 다음에 붙기도 한다.

大将いとわびしう聞きおはす。　　　　　　　　　　　　　　　　　（源氏物語）

대장(겐지)은 아주 흥미없게 듣고 계셨다.

世に知らず、聰うかしこくおはすれば　　　　　　　　　　　　　　（源氏物語）

（겐지는) 세상에 비길 데 없이 총명하시어

人もあまた率ておはしまさず、　　　　　　　　　　　　　　　　（竹取物語）

수하의 사람들도 많이 대동하시지 않으시고,

② 조동사 す・さす와 합쳐져서 せおはします・させおはします와 같이 쓰이면 왕을 비롯한 최고의 지위의 사람들을 높이는 존경어가 된다. せ・させ せ給ふ는 중고에 많이 사용되었으나 중고의 후반이 될수록 せ・させおはします의 사용이 늘어난다.

上も聞こしめして、興ぜさせおはしましつ　　　　　　　　　　　（枕草子）

왕께서도 들으시고 즐거워하셨다.

る・らる (현대어 : れる・られる)

현대어의 れる・られる의 고어형인 る・らる의 존경어의 용법은 중고시대에 처음 나타난다. 상고에는 る・らる의 용법이 수동, 가능, 자발의 3가지 밖에 없었으나 중고가 되어 비로서 4가지 용법이 갖춰진다.

① 동사의 미연형에 붙는 る・らる의 존경어용법은 경의는 높지 않다.

かの大納言、いづれの船にか乗らるべき　　　　　　　　　　　　（大鏡）

저 다이나곤은 어느 배를 타실까.

今日はまして母のかなしがらるる事は。　　　　　　　　　　　　（土左日記）

오늘은 한층 더 어머니께서 슬퍼하시고 계실 것이다.

② 특정어형의 존경어동사에 첨가되어 그 존경어의 경의를 더 높여주는 역할을 한다.(예: おほす+らる→おほせらる, ごらんず+らる→御覧ぜらる, めす+らる→召さる)

『犬島へつかはせ。ただ今』と仰せらるれば　　　　　　　　　　　　(枕草子)

"이누지마로 추방하라. 지금당장"하고 (왕께서) 명하시므로

す(하2단형)·さす·しむ + 존경보조동사

조동사 す·さす·しむ는 현대어의 せる·させる 의 고어형으로 존경의 용법으로 사용된다. 본연의 사역의 용법에서 비롯되어 신분이 높은 사람이 직접 행동하지 않고 다른 사람에게 시키는 데에서 유래된 존경의 용법이다. 단독으로 존경어로 사용되지는 않으며 たまふ, おはす와 같은 존경의 보조동사를 동반하여 최고의 수준의 경어가 된다. (せ(させ)給ふ, せ(させ)おはす 등)과 같이 아래에 경어동사를 접속시켜 존경을 나타낸다.

しむ는 상고시대에 주로 쓰였으며, す·さす는 중고부터 일반적으로 쓰였다. す·さす는 주로 히라가나로 쓰인 문에 쓰이며, しむ는 한문조의 남성적인 문에 쓰였다.

上…御覧じて、いみじう驚かせ給ふ。　　　　　　　　　　　　　(枕草子)

왕께서……보시고 대단히 놀라셨다.

この入道殿、世にすぐれ、拔けいでさせ給へり。　　　　　　　　(大鏡)

이 뉴도 전하(미치나카)께서는 만사에 훌륭하고 빼어나시었다.

公も、御行せしめ給ふ。　　　　　　　　　　　　　　　　　　(大鏡)

왕께서도 행차하시다.

2. 겸양어

1) 특정어형의 겸양어

▶ いふ (言ふ)의 겸양어

'말하다'의 뜻의 겸양어로 사용된 것은 申す·聞こゆ·聞えさす·奏す·啓す가 있다. 이 중에서 きこゆ는 중고 중기의 귀족들의 일상적인 경어로서 사용되었을 뿐으로 단절된다. 聞えさす는 聞こゆ 보다 경의가 높은 겸양어이다. 또한 중고에는 신분에 의한 경어의 구분이 확실하였는데 奏す는 특별한 대상인 왕에게, 啓す는 왕비, 동궁 등 특별한 대상에게 말씀드리는 경우에 쓰였다.

まうす (申す) (**현대어**: 申し上げる)

'말하다'의 뜻의 겸양어로 사용된 申す는 상고부터 쓰이고 있었다.

燕の巣に手をさし入れさせて探るに、「物もなし」とまうすに　　　(竹取物語)

(부하에게 명하여) 제비 집에 손을 넣게 하여 찾지만 '아무것도 없다' 고 아뢰니

きこゆ (聞こゆ) (**현대어**: 申し上げる)

きこゆ는 '듣다'의 뜻의 동사인 きく의 미연형에 자발의 뜻인 상고의 조동사 ゆ가 붙어서 생긴 동사 きかゆ의 음변화로 생긴 것이다. 저절로 높은 분의 귀에 들리게 한다는 의미에서 전성되어 '말하다'의 뜻의 겸양어로 사용되었다. 중고에 많이 사용된 겸양어로서 聞こえ~의 형태로 복합동사를 만드는 경우가 많다. 이것은 言ひ~라는 뜻의 겸양어의 복합동사가 된다. [예: 聞こえかへす(답변 드리다), 聞こえわづらふ(말씀드리기 어려워하다)]

かぐや姫、翁に<u>聞こゆ</u>。 　　　　　　　　　　　　　　　　　　　（竹取物語）

가구야히메가 노인에게 아뢴다.

よろづの事を泣く泣く契りのたまはすれど、御いらへもえ<u>きこえ給</u>はず

　　　　　　　　　　　　　　　　　　　　　　　　　　　　　　　　（源氏物語）

(왕께서) 모든 일을 울며 약속을 하시지만 (기리쓰보는) 대답도 말씀드릴
수가 없었다.

참고

申す: 聞こゆ

　높은 분에게 '말씀드리다'는 뜻의 겸양어는 申す와 聞こゆ가 있다. 중고에
는 聞こゆ가 일반적으로 사용되었고 申す는 딱딱한 느낌으로 사용되었다. 그
러나 중세에는 申す가 聞こゆ를 대신하여 일반화된 겸양어로 사용되며 후세
에까지 이어진다. 단, 申す는 시대와 더불어 경의가 저하되어 정중어의 용법
으로도 사용되며 현대어에서는 거의 정중어의 용법으로 사용된다.

きこえさす (聞こえさす) (현대어 : 申し上げる)

'말하다'의 뜻의 경의가 높은 겸양어로서 중고시대부터 쓰였다.

戯れにても、<u>さきこえさせ</u>、たまはせしことなれば 　　　　（紫式部日記）

(그 말이) 농담이라도 그리 말씀드려서 이렇게 (편지를) 주시니

かの祖母に語らひ侍りて、<u>きこえさせむ</u> 　　　　　　　　　　（源氏物語）

그 조모에게 상의하여 (조모가) 말씀드리게 합시다.

きこえさす는 겸양어 きこゆ의 미연형에 사역의 조동사 さす가 붙어서 생긴 동사이다. 직접 높은 분에게 들리게 하는 것이 아니고 측근을 시켜서 높은 분의 귀에 들어가게 한다는 의미에서 きこゆ보다도 경의가 높다. 회화체에서 많은 예를 보이며 聞えさせ給ふ는 최고의 경어로 쓰인다.

そうす (奏す) (현대어: 申し上げる)

'말하다'의 겸양어로서 왕(상왕 포함)에게 말씀드리는 경우에 쓰였다.

上りて、帝に、かくなむありつるとそうしければ　　　　　　(更級日記)

(사자는)상경하여 왕에게 이러이러하다고 말씀 아뢰오니

けいす (啓す) (현대어: 申し上げる)

왕비, 동궁 등 특별한 대상에게 사용하며 奏す보다 경의가 낮다.

まいて、五つ六つなどは、ただおぼえぬよしをぞけいすべけれど　　　(枕草子)

더구나 다섯 수나 여섯 수 정도는 오히려 암송하지 못하였다고 말씀드리는 편이 나을 것이다.

▶ きく (聞く)의 겸양어

중고에 사용된 '듣다'의 뜻의 겸양어는 うけたまはる가 사용되었다.

うけたまはる (承る) (현대어: うかがう, お聞きする)

そのよし承りて、強者どもあまた具して山へ登りけるよりなん、　　(竹取物語)

그 명을 받들어 병사들을 많이 이끌고 산에 올라간 데에서,

▶ **す의 겸양어**

つかうまつる (仕うまつる) (**현대어** : してさしあげる)

　중고시대에는 す의 겸양어로 상고의 つかへまつる에 う음편(音便)이 일어난 つかうまつる가 사용되었다.

　　昔男ありけり。童より仕うまつりける君、御髪下ろしたまうてけり。　　(伊勢物語)

　　옛날에 남자가 있었다. 어릴 때부터 모셨던 주군이 출가해버리셨다.

　　此のめの童は、たえて宮仕うまつるべくもあらず侍るを　　　(竹取物語)

　　어린 제 딸은 도무지 궁에 출사하고자 하지 않아

▶ **くふ (食ふ)・のむ (飲む) 의 겸양어**

　'먹다・마시다'의 뜻인 食ふ・飲む의 겸양어로는 たぶ(食ぶ)와 たうぶ(食ぶ)가 있다. 음식물을 상위자로부터 받아서 먹는다는 뜻이다. たうぶ는 たぶ・たまふ의 음변화한 것으로 중고에 사용되었다.

たぶ (食ぶ) (**하2단동사**) (**현대어** : いただく)

　　御仏供の下ろしたべむと申すを　　　　　　(枕草子)

　　부처님 공양 밥 물린 것을 먹자고 말하시는 것을

たうぶ (食ぶ) (**하2단동사**) (**현대어** : いただく)

　　大御酒食べけるついでに　　　　　　(古今和歌集)

　　술을 마셨을 때

▶ 承知す의 겸양어

うけたまはる는 '듣다'의 뜻의 겸양어로도 사용되었으나 '알겠다', '승낙하다'의 뜻의 겸양어로도 사용되었다.

うけたまはる (承る) (현대어 : 承知する)

心強くうけたまはらずなりにしこと　　　　　　　　　　　　　　(竹取物語)

(궁중에 출사하는 것을) 마음 단단히 먹고 받아들이지 않았던 것을

▶ もらふ의 겸양어

たまはる (賜はる・給はる) (현대어 : いただく, ちょうだいする)

たまふ는 상위자의 입장에서 사용되는 존경어이고 たまはる는 받는 입장에서의 겸양어이다. たまはる는 たまふ에 수동을 나타내는 る(현대어의 れる)가 접속되어 '받다'의 뜻의 겸양어가 된 것이다.

この十五日には、人々賜りて、月の都の人まうで来ば、捕らへさせむ。と申す。　　　　　　　　　　　　　　　　　　　　　　　　　　　　　(竹取物語)

이 달 보름에는 병사를 받잡아(파견해 주시어) 달나라 사람이 맞으러 오면 잡아들이게 하고 싶다고 아뢰었다.

▶ あたふ (与ふ)의 겸양어

'주다'의 뜻의 겸양어로는 奉る, まゐる, まゐらす가 사용되었다. 奉る는 상고부터 まゐらす는 중고부터 쓰였다. まゐらす는 하2단활용을 한다.

たてまつる (奉る) (**현대어**：さしあげる)

何をか<u>奉</u>らむ。まめまめしきものはまさなかりなむ。　　　　　(更科日記)

무엇을 드릴까. 실용적인 것은 필시 마음에 안 들겠지.

まゐる (参る) 　(**현대어**：まいる・あがる・うかがう)

親王に右馬の頭、大御酒<u>参</u>る。　　　　　(伊勢物語)

왕자에게 우마료노카미가 술을 올렸다.

まゐらす (参らす) (**현대어**：さしあげる)

壺の薬そへて、頭中將呼び寄せて、<u>参らす</u>。　　　　　(竹取物語)

단지의 약과 함께 도노추조를 불러 (왕에게) 올리게 하였다.

わが親に何を<u>まゐらせ</u>む。　　　　　(宇津保物語)

부모님께 무엇을 드릴까요.

▶ いく (行く)・く (来)의 **겸양어**

이동을 나타내는 동사의 겸양어는 まゐる・まうづ・まかる・まかづ・参ず
의 예가 보이다. ①まゐる・まうづ는 하위자가 상위자가 있는 곳으로 찾아
뵙는다는 행위를 나타내는 겸양어이다. まうづ는 단지 '찾아뵙다・가다'의
뜻으로 쓰이기도 하지만 신사나 절 등에 참배하다의 뜻으로도 사용되었
다. 경의는 まうづ보다 まゐる가 더 높다고 하겠다. ②まかる・まかづ는 하위
자가 상위자가 있는 곳에서 물러나는 동작을 표현하는 겸양어이다. ③그
외에 参ず의 예도 보인다.

まゐる (参る) (현대어 : 行く・来る・あがる・うかがう)

'가다, 오다, 참배하다, 자리를 뜨다'의 뜻의 겸양어이다.

宮に初めて<u>まゐり</u>たるころ　　　　　　　　　　　　　　　(枕草子)

중궁께 처음 출사하러 갔을 때

* 参る는 '가까이 가 물건을 드리다' 또는 '가까이서 봉사한다'는 뜻으로도 쓰

였다.

まうづ (詣づ) (현대어 : まいる・あがる・うかがう)

<u>まうづ</u>としけれどしばしば<u>えまうで</u>ず　　　　　　　　　(伊勢物語)

찾아뵈려고 생각했지만 자주 찾아뵐 수가 없었다.

まかる (罷る)・まかづ (罷づ) (현대어 : まいる・おいとまする)

まかる・まかづ는 귀인 쪽에서 자리를 물러나 떠나가는 뜻의 겸양어인

데 고귀한 장소나 수도에서 지방으로 전출하는 것을 나타내기도 하였다.

まかる는 4단활용을 まかづ는 하2단활용을 한다.

玉の枝取りになむ<u>まかる</u>と言はせて下り給ふに　　　　　　(竹取物語)

"(봉래산에 있는) 귀한 나뭇가지를 구하러 물러가옵니다."라고 전하고 떠나

심에

老いかがまりて室の外にも<u>まか</u>でず　　　　　　　　　　(源氏物語)

늙어서 허리가 굽어 암자 밖에도 나가지 않는다.

さんず (参ず) (**현대어**：まいる・参上する)

<u>さんぜむ</u>とするを、今日明日の御物忌みにてなむ　　　　　　　　　(枕草子)

찾아뵈려고 했지만 오늘 내일이 (왕의) 재계이어서 (찾아뵐 수가 없다)

▶ ゐる・ある**의 겸양어**

중고에는 존재하는 뜻의 '있다'의 겸양어는 はべり와 さぶらふ가 사용하였다. 한편으로는 이미 정중어의 용법으로 쓰였으나 겸양어로의 용법도 사용되고 있다.

はべり (侍り) (**현대어**：いる・ある)

'있다', '모시다'의 뜻의 겸양어인 はべり는 這ひあり가 변화한 것이라고 한다. 중고의 회화체에 많이 사용되었으나 중세에는 さぶらふ가 주로 쓰이게 된다.

夕さりまでは<u>べり</u>てまかり出でける折に　　　　　　　　　(古今和歌集集)

저녁까지 있다가 가려고 할 때

女、ただ一人<u>侍り</u>し、失せて　　　　　　　　　　　　　　　(源氏物語)

딸이 하나 있었습니다만, 세상을 떠나고

さぶらふ (候ふ) (**현대어**：いる・ある)

端に「<u>武蔵</u>といひはべる人の御曹司に、いかで<u>候</u>はむ」とあり。　(蜻蛉日記)

(글 끝에) '무사시라는 여인의 방에 어떻게든 (찾아뵙고) 자리하고 싶다' 고 있다.

お前にさぶらひて、今までふかし侍りにける　　　　　　　　　　　　（源氏物語）

(왕의) 앞에 모시고 있으니 지금까지 밤늦게까지 있게 되었습니다.

2) 부가형식

　중고의 겸양어의 보조동사로 사용된 것으로는 ～奉る, ～まゐらす, ～申す, ～聞ゆ, ～聞えさす, ～たまふ(하2단)가 있다. 이러한 보조동사는 공통적으로 행동을 받는 사람을 높여주는 겸양어의 역할을 하였다 (현대어의 お～申しあげる・お～する・お～いただく・～ていただく・～てさしあげる).　보조동사로서의 申す・奉る는 상고에서부터 쓰이고 있었다. 聞ゆ・聞えさす는 중고시대 중기에는 많이 쓰였으나 중고 말기가 되어서는 まゐらす가 대신 쓰이게 되었다.

　～たてまつる (奉る)

　なにしに、悲しきに見送りたてまつらむ。　　　　　　　　　　　（竹取物語）
　어떻게 이렇게 슬픈데 배웅해 드릴 수 있겠는가.

　～まゐらす (参らす)

　げにいかならむと思ひまゐらする。　　　　　　　　　　　　　　（枕草子）
　정말 어찌 지내시는지 궁금하옵니다.

　～まうす (申す)

　身を捨てて額をつき、祈り申すほどに、　　　　　　　　　　　　（更級日記）
　(부처에게) 몸을 던지고 이마를 땅에 대고 발원 드리오니

~きこゆ (聞こゆ)

竹の中より見つけきこえたりしかど、菜種の大ききさおはせしを、わが丈立ち並ふま
で養ひたてまつりたるわが子を、何びとか向へきこえむ。　　　　　　　（竹取物語）

대나무 안에서 발견하였지만, 씨알 같은 크기이셨던 것을 내 키와 나란히
설 정도로 길러드린 내 자식을 대체 누가 모시러 온다는 것입니까.

~きこえさす (聞えさす)

しどけなくかう教へたてきこえさせて侍る　　　　　　　　　　　（紫式部日記）

(왕비에게) 정리도 안한 채로 이렇게 가르쳐 드리고 있습니다.

~たまふ (賜ふ・給ふ) (하2단활용형)

하2단활용의 たまふ는 중고시대부터 중세전기에 걸쳐서 사용된 것이다.
자기에게 그런 행동을 하게 해달라고 하는 현대어의 겸양어 ～せて(させ
ていただきます에 해당한다. 주로 발화문, 서간문에 쓰였다. 보조동사로
붙는 동사에도 제약이 있어서 주로 思ふ, 見る, 聞く의 3단어에 붙는다. 다
른 겸양어 보조동사와 달리 하2단활용의 たまふ는 청자 또는 독자에 대해
경의를 나타내는 것으로서 화제의 인물에 대해 경의를 표하는 겸양어와
구별하기도 한다 (～ます・～いたします).

さらば今宵は御宿直つかまつりて朝見たまへむ。　　　　　　　　（今昔物語）

그러면 오늘밤은 숙직을 서고 아침에 (말을) 보도록 해 주시옵소서.

3. 정중어

1) 정중어 1

중고에는 상고와는 다르게 존경어와 겸양어와 같이 뚜렷이 화제의 인물에 대한 경의를 나타내기 보다는 단지 언어표현을 정중하게 한 용법이 보인다. 정중어는 겸양어와 같은 형태를 취하지만 높여야 할 대상(화제의 인물)이 아닌 청자(독자)를 의식하며 정중한 표현을 택하여 그 장면(문장 또는 대화)의 격을 높이거나 또는 화자 자신의 품위를 나타나는 경어법이다. 또한 청자(독자)를 대상으로 경의를 나타내는 데에 사용하기도 한다.

정중어 중 청자(독자)를 의식하며 정중하게 표현하여 분위기를 품위 있게 하는 경어법을 정중어 1이라 하고, 청자(독자)를 배려하여 직접 경의를 나타내는 것을 정중어 2로 구분하였다. 정중어 2는 현대어의 청자경어에 해당하는 것이다. 그 외에 화자의 품위(교양)만을 나타내는 것에 미화어가 있지만 고전 경어에서는 정중어 1로 취급한다.

はべり (侍り)

侍り는 본래의 의미는 '귀인의 발아래에 엎드려 지배를 받는다'는 뜻으로 동작의 대상을 높이는 겸양어이었으나 그 용법이 확장되어 정중어로 사용되게 되었다. 侍り는 중고에 많이 사용되지만 중고 말에는 さぶらふ에 압도되며 중세에는 구어체에서 완전히 사라진다.

아래의 예에서 사람의 동작을 낮추는 것이 아니고 사물에 대해 사용되었으므로 이것은 겸양어가 아니고 청자 또는 독자에 대한 정중함을 표하기 위한 것이다.

雨間侍らば、立ち寄らせたまへ。 (蜻蛉日記)

비가 개는 사이가 있으면 들리십시오.

さぶらふ (候ふ)

さぶらふ는 본래의 의미는 '곁에서 모신다'는 뜻의 동작대상을 높이는 겸양어이나 그 용법이 정중어로도 사용되게 되었다. さぶらふ는 중고 말부터 사용되어 중세 전기에는 はべり를 대신하게 되어 서간문이나 격조 있는 문장에 사용되며 명치시대 이후의 근대의 문장에까지 사용되었다. 아래의 예의 さぶらふ는 주체가 사물이므로 겸양어가 아닌 청자 또는 독자에 대한 정중함을 표하기 위한 것이라 하겠다.

> いかなるところにか、この木は<u>さぶらひ</u>けむ。　　　　(竹取物語)
> 어떤 곳에 이 나무가 있었던 것일까요.

> それよりまさりて、何事の<u>さぶらは</u>んにか。　　　　(狭衣物語)
> 그 보다도 무슨 일이 있는 것일까요.

まうす (申す)

申す는 중고에 이미 겸양어 이외에 현대어와 마찬가지로 정중어로 쓰는 용법이 보인다. 이 경우의 申す는 사물에 대해서 사용되고 있으므로 청자 또는 독자에 대한 정중함을 표하기 위한 것이다.

> かの、白く咲けるをなむ夕顔と<u>申し</u>侍る。　　　　(源氏物語)
> 저 하얗게 핀 꽃을 박꽃이라 합니다.

まかる (罷る)

まかる는 중고에 이미 겸양어의 용법 이외에 현대어의 まいる와 마찬가지로 정중어로 쓰는 용법이 보인다. 이 경우의 まかる는 청자 또는 독자에 대한 정중함을 표하기 위한 것이다.

いづ方へかまかりぬる。いとをかしう、やうやうなりつるものを　　　　(源氏物語)

(키우던 참새는) 어디로 날아가 버린 것인지. 귀엽고 이제 겨우 커졌는데.

つかまつる (仕る)

つかまつる는 중고에 이미 '하다'의 뜻의 정중어로 사용된 예가 보인다. 아래의 예는 '소나기가 오다'는 뜻으로 사물에 대한 표현으로 겸양어의 용법이라고 볼 수 없다.

俄ニ雷電シテ、夕立ノ仕リシ程ニ、　　　　(今昔物語)

갑자기 천둥번개가 치며 소나기가 내리므로

2) 정중어 2 (=청자경어)

청자를 의식한 경어법은 현대어에서는 です・ます로 대표되는데 중고에 이미 보이기 시작하며 보조동사 ～侍り・～候(さぶら)ふ가 그 역할을 하고 있다. 이 책에서는 청자(독자)에 대한 배려로 보조동사로 사용된 것은 정중어 2로 구분하였다.

~はべり (侍り) (현대어 : ます・です・でございます)

아래의 보조동사로 사용된 侍り의 예문 중 に侍り는 にあり의 정중어로 정중어 2의 용법이며 또한 사물을 나타내는 것도 겸양어가 아닌 정중어 2의 용법이다.

山の錦は、まだしう侍りけり。野べの色こそ、盛りに侍りけれ。　　　　(源氏物語)

산의 단풍은 아직 이릅니다. 들판의 색이야 말로 지금이 가장 좋을 때입니다.

はや渡らせ給ね。夜更け<u>侍り</u>ぬ。　　　　　　　　　　　　（榮花物語）

어서 건너가십시오. 밤이 늦었사옵니다.

~さぶらふ (候ふ) (**현대어**：ます・です・でございます)

아래의 さぶらふ가 보조동사로 사용된 문의 동작의 주체는 어린아이이며, 시간의 표현이므로 청자에게 경의를 표시한 정중어 2라 하겠다.

<u>童</u>ぞのぼり<u>さぶらはむ</u>。　　　　　　　　　　　　　　（枕草子）

(산에) 어린 아이가 올라올 것입니다.

更け<u>さぶらひ</u>ぬ。御帳に入らせ給へ　　　　　　　　　　（狭衣物語）

날이 저물었습니다. 처소에 드십시오.

二. 호칭, 인물, 사물 관련 표현

1. 인칭대명사

중고의 자료에 보이는 인칭대명사로는 다음과 같은 것들이 있다.

1인칭	あ あれ おのれ まろ み やつがれ わ われ おのら こ ここもと なにがし われら われれわれ
2인칭	いまし おれ きみ なれ まし お(ん)こと おのれ おまへ おもと きんぢ そこ なんぢ ぬし わぎみ わどの わぬし われ
3인칭	かやつ かれ あなた あれ これ それ
부정칭	た たれ それがし たれがし なにがし

1) 1인칭

일반적인 1인칭으로는 *われ, われわれ, ここ, ここもと*가 사용되었다. 상대방에의 높은 경의를 나타내는 것으로는 *なにがし, おのれ, おの, おのら*가 있다. 이 중 *なにがし*는 남성이 사용하였다. 한편, 친애감, 비하를 나타낼 때는 *まろ, われら*를 사용하였다. *まろ*는 중고에 남녀 구별없이 사용되었다.

その北の方なむ、なにがしが妹に侍る　　　　　　　　　(源氏物語)

그 부인은 저의 여동생입니다.

ただ今、おのれ見捨て奉らば、いかで世におはせむとすらむ　　(源氏物語)

지금 제가 당신을 남겨놓고 죽는다면 어떻게 이 세상을 살아가시겠는가.

ここもとに、ただ一言聞こえさすべきことなむ侍るを　　　(源氏物語)

저한테는 단지 한 말씀드려야 할 일이 있습니다만.

まろが文を隠し給ひける、また、なほあはれにうれしきことなりかし。　　(枕草子)

내 편지를 감춰주신 것도 역시 매우 고마운 일이군요.

2) 2인칭

상대방에게의 존경도가 높은 것은 *きみ, おまへ*가 있으며 상대방에게 친근감이나 비하를 나타낼 때에 사용되는 것은 *なれ, なむ(ん)ぢ, きむ(ん)ぢ, そこ, おのれ, われ*의 예가 있다. 이 중, *われ*는 1인칭에서 전용된 것이다.

比べ来し振り分け髪も肩過ぎぬきみならずして誰か上ぐべき　　(伊勢物語)

어릴 적 길이 재보던 머리카락도 어깨 넘었네. 당신이 아니라면 누가 올려 주리오.

　なむぢが持ちて侍(はべ)るかぐや姫奉れ　　　　　　　　　　　　（竹取物語）

　당신이 데리고 있는 가구야히메를 받치시오.

きみ(君)

　きみ는 상고에는 왕, 군주를 나타내는 존칭으로 쓰였으나 중고에는 주
군, 또는 신분이 높은 사람을 나타내게 되며, 신분이 높은 사람을 칭하는
경칭으로도 사용되었다. 또한 상고에는 여성이 사랑하는 남성에 대해 사
용한 2인칭이었지만 중고에는 남녀 간에 친애의 표시로 사용하는 2인칭이
되었다. 한편으로는 인명, 관명 뒤에 붙는 존경접미어로서 사용하게 되었
다.(～君)

3) 3인칭

　현대어의 대표적인 2인칭 あなた는 중고에는손윗사람 또는 대등한 관
계의 사람에 대해 존경의 뜻으로 사용되었다. かやつ는 당사자가 없을 때
에 그 제3자에 대해 비하하는 속어로 사용되었다. かれ, あれ, これ, それ
는 지시대명사가 인칭으로 사용된 것이다.

　この落窪(おちくぼ)の君のあなたにのたまふことに従はず　　　（落窪物語）

　이 오치구보님이 그 분(계모)의 말씀을 따르지 않고.

4) 부정칭

　중고에는 부정칭으로 상고부터 사용되던 た, たれ가 여전히 사용되고
있으며, 새롭게 それがし, たれがし, なにがし가 쓰이기 시작한다. ～がし는
접미어로서 대명사에 붙어서 한 단어화하여 인칭으로 사용된다. なにがし
가 먼저 성립되며 それがし로 교체된다.

ただ今、殿より御文もて、<u>それがし</u>なむ参りたりつる　　　　　　　(蜻蛉日記)

지금 주군으로부터의 서간을 가지고 누가 찾아왔습니다.

2. 접두어

중고의 존경접두어로 사용된 것은 상고부터의 おほ, み와 새롭게 ご・ぎょ가 사용된다.

御子息・御祝ひ・御心・御寝 등

3. 접미어

중고에 사람을 나타내는 말에 붙어 그 사람에 대해 경의를 표하는 접미어로는 ～どの(殿), ～うへ(上), ～きゃう(卿), ～きみ(君), ～ご(御) 등이 사용되었다.

右大臣殿・尼上・式部卿・母君・父御

4. 조사 (の・が)

대우의식에 의해 구분되었다는 조사 の・が는 중세에 자료들도 나타나는 등 주목받지만 중고의 용법에서는 크게 주목받지 못한다. 그러나 の는 대우적으로 상향적이며 が는 비천한 경우나 자신을 낮추는 등 하향적으로 사용되었다고 본다 상대방의 행동을 못하게 하는 금지표현 ~な의 쓰임새도 상대방에 대한 대우의식에 관계가 있다고 보는 의견도 있다. な~そ와 같이 な가 앞에 오는 경우에는 상위자에게도 사용하는 완곡한 표현이지만 하위자에게 사용할 때는 ~な로 사용하는 것이 보통이었다고 한다.

3장 중세의 경어

중세라는 시기는 경어사의 큰 흐름으로 보면 고대어에서 현대어로의 과도기의 시작점에 해당한다고 하겠다. 중세에는 많은 경어의 형태가 교체된다. 즉 이전 시대부터 사용되는 경어는 경의도가 저하되며 한편으로는 새로운 경어형태들이 만들어졌다. 중세 전기에는 정중어 1에 이어 정중어 2(청자경어)가 확립된다. 정중어 2로 중고에는 はべり가 많이 쓰였으나 중세에는 候ふ가 성행한다. 또한 중세후기에는 현대어의 청자경어 ます의 전신인 まらする가 사용된다. 그 외에 정중어의 종류가 다양해지며 ござる와 그 부류들인 おりゃる、おぢゃる 등이 나타난다. 또한, 중세에는 경어에 경어를 부가하여 경의도를 높이는 2중경어의 형태가 많아지며 현대어에 가까워진다 [존경(동사)+る、らる、ござる+まする 등]. 그 외에 중세에는 존경접두어 御의 사용이 많아진다(御~あり、御~なる 등).

一. 용언의 경어형

다음에 중세에 사용된 동사의 특정어형의 경어를 존경어와 겸양어로 나누어 표로 제시하였다.

현대일본어 (한국어)	고어의 보통어	존경어	겸양어
言う (말하다)	いふ	のたまふ おほす・おほせらる おしなる・おしらる・ おしゃる いはしむ	まうす まうしあぐ
思う (생각하다)	おもふ	おぼす・おぼしめす	ぞんず
見る (보다)	みる	ごらんず・ごろうず みそなはす	はいけんする
会う (보다)	あう		おめにかかる
聞く (듣다)	きく	きこしめす	うけたまはる うかがふ
する(하다)	す	あそばす なさる(る) めさる(る) さします	つかまつる いたす まうす
着る (입다)	きる	めす	
乗る (타다)	のる	めす・めさる	
食う・飲む (먹다・마시다)	くふ・のむ	きこしめす こしめす めす あがる まゐる・おまゐる	たぶ たうぶ いただく くださる
知る (알다)	しる	しろしめす	
承知する	しょうちする		うけたまはる かしこまる
寝る (자다)	ねる	おほとのごもる ぎょしんなる およる	
起きる	おく	おひるなる	
もらう (받다)	もらふ		たまはる いただく ちゃうだい

현대일본어 (한국어)	고어의 보통어	존경어	겸양어
与える (주다)	あたふ	たまふ・たぶ たまはす・たばす たまはる・たまうる くださる	たてまつる まゐらす・まゐする・ まらする・ おまらす・おます しんず あぐ
まねく	まねく	めす	
いる・ある・行く・ 来る (있다・가다・오다)	いる・ある・いく・く	います・まします おはす・おはします わす・わする・ わたらせたまふ ございある ござる おぢゃる おりある・ おりゃる なり	はべり さぶらふ
行く・来(来る) (가다・오다)	いく・く		まゐる さんず まかる
いる・ある	ゐる		はべり さぶらふ

1. 존경어

1) 특정어형의 존경어

▶ いふ (言ふ)의 존경어

'말하다'의 뜻의 존경어는 のたまふ, おほす, おほせあり가 중세 전기까지
사용되고 있었다. おほす에 존경의 조동사 らる(る)가 붙은 おほせらる(る)는

중고부터 시작하여 중세후기에도 예가 보인다. 중세후기부터 おしなる・おしゃる가 새롭게 등장한다. 그러므로 중세후기에 사용된 존경어는 おおせらるる・おせらるる・おしゃる・おしらる가 있으며 おうせ(仰せ)에 あり가 접속하여 생긴 おうせあり등이 있다. おおせらるる는 おしゃる 보다 경의가 높다. 그 외에 경의가 높지 않은 것으로 いはしむ가 있다.

のたまふ (宣ふ) (현대어 : おっしゃる)

のたまふ는 おほす보다 경의가 낮았으며 중세후기에는 사용되지 않게 되었다.

判官、後藤兵衛實基を召して、「あれはいかに」とのたまへば、「射よとにこそ候ふめれ。」

(平家物語)

판관, 고토 효에 사네모토를 부르시어, "저것은 무어냐?"고 말씀하시니, "한번 맞혀보라는 것 같습니다.

「いづくより旅寝の床にかよふらん思ひおきつる露をたづねて」などのたまへり。

(十六夜日記)

"그 어디에서 여행길 꿈속으로 오시는 걸까. 마음에 품었던 당신을 찾아서"라고 말씀하신다.

おほす (仰す) (현대어 : おっしゃる)

さこそ世を捨つる御身といひながら、御いたはしうこそ と仰ければ、 (平家物語)

아무리 속세를 버린 몸이라 하지만 실로 가슴이 아프다고 말씀하시니

おほせらる (仰せらる) (현대어：おっしゃる)

　帝王御心を悩ませられ嘆いて<u>お(を)うせらる</u>るわ　　　　　　　　(天草本伊曾保)

　왕은 마음이 괴로우시어 슬피 말씀하시기를

　こなたも御仁体でござるが、無体なことを<u>仰せらる</u>。　　　　　(狂言靱猿)

　당신도 신분 있는 분이신데 무리한 말씀을 하시는군요.

おしなる (현대어：おっしゃる)

　존경형식 お～なる에 す의 연용형 し를 삽입한 형태로 '하다'(する)의 뜻
의 존경어이었던 おしはる가 '말하다'의 존경어로 변한 것이라 한다. 중세
후기에는 거의 소멸한다.

　東坂殿ははや他処へいなれたと<u>おしなれ</u>といふぞ。　　　　　(四海入海)

　도바님은 이미 다른 곳으로 사라졌다고 말씀하시라고 한다.

おしらる (현대어：おっしゃる)

　おほせらる의 축약형인 おせらる가 e→i의 모음교체의 경향에 의해 변화
된 형태라고 하고 있다. 첩해신어(捷解新語)의 원간본에 주로 예가 보이
지만 교겐키(狂言記)에서도 드물지만 예가 나타난다.

　<u>おしらるる</u>やうにさしられい　　　　　　　　　　　　　　(狂言記)

　말씀하시는 대로 하세요.

おしゃる (현대어：おっしゃる)

　'말하다'의 뜻의 존경어로서 おしゃる의 예가 보인다. おほせある의 축약

된 형태라는 설과 おほせらる의 축약이라는 설이 있다. おほせらる 보다는
경의가 낮다.

> なにをおしゃるぞ、せはせはと。 　　　　　　　　　　　　　　　　(閑吟集)
> 무슨 말씀을 하시는 건가요. 정신없이.

> それはきよくもなひ事をおしゃる。 　　　　　　　　　　　　　　　(虎明本狂言)
> 그건 정결치도 않은 말씀을 하신다.

いはしむ
그 외에 '말하다'의 존경어로 경의가 높지 않은 いはしむ가 있다.

> わごりよハあそこへいて、よひやうにいはしめ。 　　　　　　　　　　(狂言集)
> 당신은 저기에 가서 잘 이야기하시오.

▶ おもふ (思ふ)의 존경어

'생각하다'의 뜻의 존경어로는 おぼす와 おぼしめす가 사용되었다. おぼ
す는 중세말기에는 쇠퇴한다.

おぼす (思す) (현대어 : お思いになる)

> 法師ガ死セム事、イカニ嬉クヲ(オ)ボスラム 　　　　　　　　　　　(沙石集)
> 법사가 죽는 것을 얼마나 기쁘게 생각하시겠는가.

> 聖を御覧じて、何とかおぼしけん。 　　　　　　　　　　　　　　　(平家物語)
> 스님을 뵙고 무슨 생각을 하셨는지

おぼしめす (思し召す) (**현대어** : お思いになる)

おぼしめす은 구어체에도 문어체에도 쓰였다고 한다.

それは御方に御勢が候はねば、臆病でこそさは<u>おぼしめし</u>候へ。兼平一人候
とも、余の武者千騎と<u>おぼしめせ</u>。　　　　　　　　　　　　　(平家物語)

그것은 아군에 병력이 없으니 마음이 약해져서 그리 생각하셨을 겁니다.
소인 가네히라 한사람을 다른 무사 천기로 생각하십시오.

ヤイヤイ、お笑いぐさと<u>おぼしめし</u>仰せ出だきれたところに、　　(狂言 餅酒)

어이 어이, 웃음거리로 생각하시고 말씀하시었는데

▶ **みる (見る)의 존경어**

'보다'의 뜻의 존경어는 御覧ず(る)・ごろうじる가 사용되었다. 그 외에 한
문훈독어계의 문장체에서 사용된 *みそなはす*가 있다.

ごらんず (ご**覧**ず) (**현대어** : ご**覧**になる)

중고에 경의가 높은 존경어로 사용되기 시작하였다.

烏の群れゐて池の蛙をとりければ<u>ごらんじ</u>悲しませ給ひてなん　　　(徒然草)

까마귀가 무리지어 연못의 개구리를 잡아먹으니 보시고 슬퍼하셨다.

ごろうず (ご**覧**ず) (**현대어** : ご**覧**になる)

ごらんず가 음변화하여 ごらうず가 생겼으며 그와 함께 더욱 음변화를
일으킨 ごろうず가 중세에 사용되게 된다.

帝王コレヲ<u>ゴロウ</u>ゼラレテ大キニ驚カセラルル体デ　　　　　(天草本伊曾保物語)

제왕은 이를 보시고 크게 놀라시는 모습으로

みそなはす (**현대어**: ご覧になる)

釈迦大師もその器量ヲ見ソナハシテ　　　　　　　　　　　　　　(沙石集)

석가대사님도 그 기량을 보시고

▶ **きく (聞く)의 존경어**

'듣다'의 뜻인 聞く의 존경어로는 聞こし召す가 중세 전반적으로 사용되었다. 존경의 る가 부가된 2중경어 きこしめさる의 예도 보인다.

きこしめす (**聞こし召す**) (**현대어**: お聞きになる)

雪たかくふりたるよし申すを(堀河院が)きこしめして　　　　　　(讃岐典侍日記)

눈이 많이 쌓였다고 아뢰는 것을 (호리가와 전하)께서 들으시고

いかに獅子王聞し召されい　　　　　　　　　　　　　(天草本伊曾保物語)

부디 사자 왕이여 들어주시옵소서.

▶ **す의 존경어**

'하다'의 뜻의 존경어로는 중고에서부터 사용된 あそばす가 있으며 그 외에 중세후기에 사용되기 시작한 なさる(る), めさる가 있다.

あそばす (**遊ばす**)

あそぶ는 현대어 뜻 '놀다'와 달리 상고에서는 사냥을 하는 등의 야외에서의 활동에 사용하였고 중고시대 이후에는 주로 시가를 만들고, 악기를

연주하는 행동을 나타내는 데에 사용되었다. 그러나 중세에는 넓게 '～하다' 는 뜻의 존경어로 사용되었다.

ちといひたい事がある程に、それをがてんあそばひたらハ、もとる事もあらふ

(女狂言鈍太郎)

좀 할 얘기가 좀 있으니 듣고 납득하신다면 되돌릴 수도 있겠지요.

窓の小障子に此歌をあそばしとゞめさせ給ひけり。　　　　　(平家物語)

장지문에 이 노래를 지어 적어두셨다.

御琵琶あそばされけるところに　　　　　　　　　　　　　(平家物語)

비파를 타고 계실 때에

なさる(る)

なさる(る)는 하2단동사로서 중세 후기에 사용되기 시작하였다.

囃子物の稽古をなされて下されい、と言うて呼びましてこい。　　(狂言 煎物)

노래 연습을 하시라고 하고 불러 오거라.

太郎冠者： なさるる。

主人：　何とするというて、おのれが世話をやかするによって、落つまい馬からまで落つるは。　　　　　　　　　　　(狂言 止動方角)

다로 시종: 무슨 짓을 하십니까?

주인: 뭘 짓이라니 네가 성가시게 구니까 떨어질리 없는 말에서 떨어지잖아.

めさる(る) (**현대어**：なさる)

する의 존경어 めさる(る)는 중세 후기에 사용되기 시작하였다.

　　某が頼うだ人はこのごろ夫婦争ひを<u>めされ</u>たによって　　　　　（天草本伊曾保）

　　우리 나리는 요즘 부부싸움을 하시어

　　次郎冠者：何と<u>召さる</u>

　　大名：何とするとは覚えがあろう。　　　　　　　　　　　（狂言　棒縛）

　　지로 시종：무슨 짓을 하십니까?

　　다이묘：무슨 짓이라니 알 텐데.

さします

'하다'의 뜻의 존경어로 중세말기에서 근세초기에 걸쳐서 예가 보인다.
さします는 존경의 조동사 させ+ます가 음변화해서 생긴 것이라고 본다.

　　いりゃらしまして、朝祝さしませ　　　　　　　　　　　（狂言　比丘貞）

　　오셔서 아침 축언을 하시오.

▶ **きる (着る)의 존경어**

중세에 '입다'의 뜻의 존경어로는 예는 많지 않으나 めす가 사용되었다.

めす(召す) (**현대어**：お召しになる)

　　頼光の出たちには、らんでん鎖と申(し)て緋威の鎧を<u>召し</u>、　　　（酒呑童子）

　　라이코의 옷차림은 란덴구사리라는 붉은 가죽끈으로 엮은 미늘의 갑옷을

　　입으시고

▶ のる (乗る)의 존경어

중세에 '타다'의 뜻의 존경어로 사용된 것으로는 めす와 めす에 존경의
조동사 る를 부가한 めさる의 예가 보인다.

めす (召す) (현대어 : お乗りになる)

人びと皆、御舟にめす   (平家物語)

(헤이케의) 사람들은 모두 배를 타셨다.

めさる (召さる) (현대어 : お乗りになる)

御輿さし寄せて、「とうとう召さるべう候へ」と申しければ、   (平家物語)

가마를 대고 "빨리 타셔야 합니다"고 아뢰오니

▶ くふ (食ふ), のむ (飲む)의 존경어

이전부터 사용되던 めす・きこしめす・まゐる 이외에 중세후기에 보이는
おまゐる・こしめす・あがる의 예가 있다.

きこしめす (聞こし召す) (현대어 : 召し上がる)

ふだんハわらびの餅と申、延喜の御門のきこしめされた、管をなされ、おか

大夫とも申たると申が、   (おか大夫)

보통은 와라비 떡이라고 하고, 다이고 왕께서 드리고 관위를 내리시어 오
카타유라고도 하였다 하옵는데

こしめす (**현대어**: 召し上がる)

どちへぞござったか……まっちゃを<u>こしめせ</u>　　　　　　　　(犬山伏)
어디에 계셨어요?…… 차를 드세요.

めす (召す) (**현대어**: 召し上がる)
중세의 '먹다, 마시다'의 뜻의 존경어로 사용된 めす는 경의도 높았으며
일반적으로 사용되었다.

いざ給へ、出雲拝みに。かいもちひ<u>めさ</u>せん　　　　　　(徒然草)
자, 오세요. 이즈모 신사에 참배하러. 경단을 드세요.

あがる (**현대어**: 召し上がる)

中ゞことの外むまうござる、一つ<u>あがり</u>まらせひ　　　　(まんぢう)
(만두가) 제법 생각보다 맛있습니다. 하나 드세요.

まゐる (参る) (**현대어**: 召し上がる)
중고부터 '먹다, 마시다'의 존경어로 쓰인 まゐる는 그 사용범위가 축소
되고 경의도 낮아져 있다.

きけ一つ<u>まいれ</u>と云う事じゃ　　　　　　　　　　　　　(地蔵舞)
술 한잔 드시라는 것이지요.

おまゐる (**현대어**: 召し上がる)

茶やちゃをくれよ。: <u>おまいれ</u>。　　　　　　　　　　　　　　　　　（古本能狂言集）
차를 주시게. : 드십시오.

▶ しる (知る)의 존경어

'알다'의 뜻인 知る의 존경어로 사용된 しろしめす는 중세 전반에 걸쳐 문장체에도 회화체에도 사용되었으며 しろしめさる의 형태도 나타난다.

しろしめす (**현대어**: しっていらっしゃる、おわかりでいらっしゃる)

상고부터 '알다'의 뜻과 '다스리다'의 뜻의 존경어로 사용되던 しろしめす는 중세에는 주로 '알다'의 뜻의 존경어로 사용되었다. 존경의 조동사 る가 부가되어 2중경어 しろしめさる의 예도 보인다.

公家にも<u>しろしめせ</u>て、官物のはつをさきたてまつらせ給めり。　　　　　（大鏡）
조정에서도 아시고 공물로 헌상하는 햇곡식을 먼저 능에 바치시는 것 같다.

さて夫をば法皇も<u>しろしめされ</u>たるか　　　　　　　　　　　　　　（平家物語）
그렇다면 그것을 법왕께서도 알고 계시는가.

▶ ねる (寝る)의 존경어

'자다'의 뜻의 존경어는 전 시대의 おほとのごもる(大殿籠る), きょしんなる(御寝なる)와 중세에 나타나는 およる・およるなる가 있다.

おほとのごもる (**大殿籠る**) (**현대어**：おやすみになる)

大弐三位、<u>大殿ごもり</u>たるやうなる人を、……聞くぞたへがたき。

(讃岐典侍日記)

다이니노 삼미는 마치 잠든 듯한 (돌아가신) 왕의 모습에, ……듣는 것이
견딜 수가 없다.

ぎょしんなる(**御寝**なる) (**현대어**：おやすみになる)

これはさんぬる<u>夜御寝なら</u>んだ故ぢやというて。　　　　(天草本平家物語)

이것은 전날 밤 잠을 이루실 수가 없었던 이유로

白川院は北首に<u>御寝なり</u>けり。　　　　　　　　　(徒然草)

시라카와 상왕은 북쪽에 베개를 두고 주무셨다.

およる (**御寝**) (**현대어**：お休みになる)

およる(御夜)는 명사를 동사화 시킨 것으로 およるなる・およるになる의 형
태로 사용되기도 한다. 중세후기에는 여성어(뇨보고토바：女房詞)로서 정
착하였다.

音もせいで<u>およれ およれ</u>。　　　　　　　　　　(閑吟集)

소리도 내지 말고 주무세요, 주무세요.

▶ **おく (起く)의 존경어**

'일어나다'의 뜻 起きる의 존경어로서 おひるなる(御昼成る)가 있으며 おひ
るなる가 음변화한 おひんなる가 사용되었다. 중세후기에서 근대초에 걸쳐

서 사용된 여성어(뇨보고토바 : 女房詞)이다.

おひるなる (お昼なる)・おひんなる (**현대어** : お起きになる)

<u>おひるなり</u>て、けふも梅^{むめ}ほうしにて大ふくまゐる。　　　　　　　(御湯殿上日記)

일어나서 오늘도 우메보시에 찹쌀떡을 드신다.

(舅は)朝はとうから <u>おひんなり</u>。　　　　　　　　　　　　　　　(柳樽)

(시아버지는) 아침 일찍부터 일어나셨다.

참고

〈뇨보고토바(女房詞)〉

　중세후기에 궁중의 궁녀들이 쓰기 시작한 말들인데 나중에는 일반여성들
도 쓰게 되었다. 주로 의식주에 관련된 어휘가 많다.

　① 어두에 접두어 お를 붙이는 말

　おかず(반찬), おつけ(장국), おなら(방귀), おひや(냉수)

　② 어말을 생략하고 もじ를 붙인다.(모지고토바(もじ詞^{ことば})

　おくもじ(奥様＋もじ 사모님), しゃもじ(しゃくじ＋もじ 국자), すもじ(すし＋もじ 스
시), はもじい(はずかしい＋もじ 부끄럽다), ひもじ(ひだるい＋もじ 배고프다)

▶ あたふ (与ふ)의 **존경어**

'주다'의 뜻의 존경어로는 중고에서부터 사용된 たまふ・たぶ와 그에 す
가 붙은 たまはす・たばす와 중세에 나타난 たまはる・たまうる와 くださる의 예
가 보인다.

たまふ (給ふ・賜ふ)・たぶ (賜ぶ) (**현대어** : おあたえになる)

たまふ는 중세 전반에 걸쳐 사용예가 보이지만 회화체에서는 사용되지

않게 되었다. たまふ는 주로 다른 동사에 보조동사로 사용되게 되며 '주다'의 뜻의 존경어로는 たぶ의 사용이 많았다.

大井の土民に仰せて、水車を造らせられけり。多くの銭を給(ひ)て、数日に営み出だして、掛けたりけるに　　　　　　　　　　　　　　　　(徒然草)
오이 지역 백성들에게 명하시어 수차를 만들게 하셨다. 많은 돈을 주시고, 며칠 동안 만들게 하여 걸었는데

さはこれよりほかに賜ぶべき物なきにこそあんなれ　　　　　　　(古本説話集)
그건 여기에서 달리 주실 수 있는 것이 없는 것이다.

あの男の持たる物はなにぞ。かれ乞ひて我にたべ　　　　　　　(宇治拾遺物語)
저 남자가 갖고 있는 물건이 뭐냐. 저걸 얻어다 나에게 주시오.

たまはす (賜はす)・たばす (賜す) (현대어 : おあたえになる)
たまふ・たぶ와 그에 す가 붙은 たまはす・たばす는 중고말기와 중세초기에 걸쳐서 많이 사용되었다. たばす는 뒤에 たまふ를 붙인 상태로 강한 존경의 뜻을 나타내었다.

君は都におはしましながら。軍兵を給せば、命を捨てて千人が一人になるまでも戦ふべし」と、いひもはてぬに急ぎ立ちにけり。　　　　(増鏡)
주군은 교토에 계시면서 병사를 주셨으니, 목숨을 걸고 천명이 한명이 될 때까지 싸워야 한다고 말이 끝나기도 전에 급히 떠나셨다.

願はくは、あの扇の真中射させてたばせたまへ　　　　　　　　(平家物語)
바라오니 저 부채의 한 가운데를 맞추게 하여 주시옵소서.

たまはる・たまうる

‘받다’의 뜻의 겸양어로서 전 시대부터 쓰이던 たまはる는 중세후기에는
오히려 ‘주시다’의 뜻의 존경어로 용법이 전용된다,

　　蘇武は十六の歳、胡国へむけられけるに、御門より<u>給り</u>たりける旗を、何として
　　かかくしたりけん、　　　　　　　　　　　　　　　　　　　　（平家物語）
소무는 16살 때에 중국의 어떤 지방으로 보내졌는데 왕께서 주신 깃발을
어떻게든 감추고 있었다.

　　存ずる旨があれば、少将を急いでこれへ<u>賜はれ</u>。　　　（天草本平家物語）
아는 내용이 있으니 소장을 급히 여기로 보내시오.

　　木曾殿へお目に掛りたい子細があつて来た。披露して<u>たまうれ</u>。

　　　　　　　　　　　　　　　　　　　　　　　　　　　（天草本平家物語）
기소님을 뵙고 싶은 연유가 있어서 왔다. 피로해 주시오.

くださる (下さる)

くださる는 상위자가 하위자에게 ‘주는’ 행위를 나타내는 下す에 존경의
조동사 る가 붙어서 생긴 것으로서 하2단활용을 한다. 중세 이후에 한 단
어화해서 사용되며 4단동사가 되는 것은 근세에 들어서이다.

　　鎌倉殿御教書を<u>下され</u>けり。　　　　　　　　　　　　　（平家物語）
요리토모 장군께서 교서를 주셨다.

　　大名：早うやってくれい。
　　太郎冠者：心得ました。お小袖・お上下を<u>下さるる</u>とのおことじゃ（狂言 靭猿）

다이묘: 빨리 주거라.

다로 시종: 알겠습니다. 옷을 주시라는 말씀입죠.

通りの者: 心得ました。これへ<u>下されい</u>。（狂言　二人大名）

통행인: 알겠습니다. 이리 주십시오.

▶ まねく (招く)의 존경어

다른 사람을 가까이 '부르다'의 뜻의 존경어로 めす가 사용되었다.

めす(召す) (**현대어** : お呼び<u>寄</u>せになる)

上皇大に驚おぼしめし、忠盛を<u>めし</u>て御尋あり。　　　　　　　　（平家物語）

상왕은 크게 놀라셔서 다다모리를 부르셔서 물으셨다.

▶ いる・ある・いく (行く)・く (来)의 존경어

중세에 '있다' '가다・오다'의 뜻의 존경어로 사용된 것 중에 います, まします, おはす, おはします, わす(る)・わせる, わたらせたまふ, ござあり는 중세전기부터 사용되던 존경어들이다. 중세후기에 나타나는 존경어들은 ござる와 그 부류가 많아서 ござある, ござなし, ござない, ござる, おぢゃる, おりゃる, おりない의 예가 보인다. ござある・ござる가 가장 경의가 높고 おぢゃる, おりゃる는 ござる보다 경의가 낮았다. 그 외에 おいでなさる(る)와 같은 경어의 보조동사 등을 부가하여 존경표현형식으로 하는 예가 많아진다.

います・まします (**현대어** : いらっしゃる・おいでになる・おありになる)

중세의 '있다' '가다, 오다'의 뜻의 존경어로 일반적으로 사용된 것은 おはす・おはしますの며 います・まします는 양쪽 다 주로 신이나 부처에게 사용하는 등 특수한 경우에 사용되었다. 이 부류는 중세 후반이 되면 회화체에서 사라지게 된다. ましますが 경의가 높고, います는 하층사회에서 사용하는 등 경의가 낮다.

極楽のむかへいますらんと、またるゝに、極楽のむかへはみえずして火の車をよす。　(宇治拾遺物語)

극락에서 맞으러 오실 거라고 기다리시는데 극락 사자는 안 보이고 지옥불의 화차가 다가왔다.

御身は金の色にして、三十二の相ます　(今昔物語)

온몸은 황금색으로 (부처님의) 32가지의 상이 있으시다.

おはす・おはします (**현대어**: いらっしゃる, おいでになる, おありになる)

중세에 '있다', '오다・가다'의 뜻의 존경어로서 일반적으로 사용된 것은 おはす와 おはします이다. おはす는 중고부터 사용되었으며 おはします가 おはす에 비해 경의가 높다.

少将の母うへは霊山におはしけるが、昨日より宰相の宿所におはして待れけり。

(平家物語)

소장의 모친은 영산에 계셨는데 전날부터 재상의 처소에 오셔서 기다리신다.

この僧に問ふ。「我は京の人か。いづこへおはするぞ」と問へば、

(宇治拾遺物語)

이 스님에게 묻는다. "당신은 교토 사람인가? 어디에 가시는 길인가?" 라고 묻자

その不動尊は、いまに無動寺におはします等身の像にてぞましける。

（宇治拾遺物語）

그 부동존불은 지금 무동사에 계신 등신불상이시다.

七月十九日におはしましつきぬ。　　　　　　　　　　　　　　　　（増鏡）

(요시쓰네가) 7월 19일에 (가마쿠라에) 오셨다.

わす・わする **(현대어**：いらっしゃる・おいでになる・おありになる)

おはす의 음변화(おはす→おわす→わす)로 생긴 것으로 중세의 설화집과 군기이야기(軍記物語)에서 사용되었다. 하2단활용을 한다.

大名達ノワセウ時に　　　　　　　　　　　　　　　　　　　　　（蒙求抄）

다이묘들이 오실 때에

『東馬之允はわするか』『これに候ふ』　　　　　　　　　　　　（狂言）

도마노조는 계시오? 여기에 있소이다.

わたらせたまふ **(현대어**：いらっしゃる・おいでになる・おありになる)

중세 이후에 사용된 것으로 매우 경의가 높다. '건너다'의 뜻인 わたる의 미연형+존경조동사 す의 연용형＋보조동사 たまふ로서 이루어졌다.

主上殊に御恙もわたらせたまはぬを　　　　　　　　　　　　　（平家物語）

왕은 특별히 어디가 아프신 것도 아니셨는데

ござある **(현대어**：いらっしゃる・おいでになる・おありになる)

御座에 あり가 붙은 것이다. ござあり(ら행변격동사)가 4단활용의 ござある

가 된다. 중세이후의 존경어이며 ござある에서 ござる가 생기게 된다.

　　　法皇は…錦帳(きんちやう)近くござあって　　　　　　　　　　（平家物語）

　　　법왕은 비단 장막 가까이 계시며

　　　御身はいづくへござある人ぞ　　　　　　　　　　　　　　　（太平記）

　　　당신은 어디로 가시는 분입니까?

　　　高宗…田遊岩が門までござありて　　　　　　　　　　　　（中華若木詩抄）

　　　고종…다아소비암 문 앞까지 오시어

ござる (**현대어** : いらっしゃる・おいでになる・おありになる)

　　　是より成親卿のござる備前の有木の別所へはいかほどの道ぞ。

　　　　　　　　　　　　　　　　　　　　　　　　　　　　（天草本平家物語）

여기에서 나리치카 경이 계신 히젠의 아리키 별원까지는 얼마정도의 길
인가.

　　　こなたは歌を詠みかけて、どれへござるぞ。　　　　　　（狂言 萩大名）

　　　당신은 노래를 읊다가 어디에 가시요?

　　　まずこれへござれ。それはともあれ、今のあとを仰せられい。

　　　　　　　　　　　　　　　　　　　　　　　　　　　　　（狂言 萩大名）

하여간 이리 오시오. 그건 어째 되었든 지금의 다음을 말해주시오.

おぢゃる **(현대어**: いらっしゃる・おいでになる・おありになる)

おいである가 변화하여 생긴 존경어로서 경의는 낮다.

　　木曾殿はその頃信濃国に**おぢゃって**ござる。　　　　　　　　　(天草本平家)

　　기소님은 그 무렵 시나노 지방에 가셨다.

　　まづこれへ**おぢゃれ**　　　　　　　　　　　　　　　　　　　(狂言 布施無経)

　　어쨌든 이리 오시오.

おりある

　　少しのあひだ、ここに**おりあれ**。　　　　　　　　　　　　　(伊曽保物語)

　　잠시 동안 여기에 계시오.

おりゃる **(현대어**: いらっしゃる・おいでになる・おありになる)

おいりある가 변화하여 생긴 존경어로서 중세후기부터 사용되었으며 お
ぢゃる와 마찬가지로 경의는 낮다.

　　太郎冠者：「武悪は内に**おりゃる**か。」　　　　　　　　　　(狂言 無悪)

　　다로시종: 부악은 안에 계시오?

　　そなた何をしに、これへ**おりやった**。　　　　　　　　　　(謠曲、大江山)

　　당신은 무엇을 하러 이곳에 오시었소?

　　そなたはどれからどれへ**おりゃる**ぞ。　　　　　　　　　　(狂言 蚊相撲)

　　당신은 어디에서 어디로 가시요?

なり **(현대어: おいでになる)**

그 외에 行く・来る의 존경어로 귀인이 오신다는 뜻인 なり가 있다.

御所になりぬるとてあれば皆起きて参る　　　　　　　　　　(中努内侍日記)

궁에 납신다고 해서 모두 일어나 나간다.

廿二日、朝覲の行幸、亀山殿へなりしかば、　　　　　　　　(増鏡)

22일, 신년 문안 행차 때에 왕께서 기잔전에 납시오니

2) 부가형식의 존경어

(1) '해 있다. ~이다'의 뜻의 존경 보조동사

우선 '오다, 가다'의 이동을 나타내는 뜻과 존재를 나타내는 '있다'의 뜻의 존경어로 쓰이던 것들이 또한 보조동사로도 사용된다. 중고부터 사용되던 ~おはす・~おはします・~ます・~まします와 중세에 나타나는 ござあり가 있다.

~おはす・~おはします **(현대어: ~でいらっしゃる, お~になる)**

중고부터 사용되던 おはす・おはします는 중세에도 본동사와 보조동사 양쪽으로 사용되고 있었다. 보조동사로 사용되는 것은 おはします가 おはす보다 훨씬 예가 많다.

法皇ゑつぼにいらせおはして、　　　　　　　　　　　　　(平家物語)

상왕께서 호쾌하게 웃으시며

僧正宣、そこは貴き上人にておはす。天皇の御子とこそ人は申せ。

　　　　　　　　　　　　　　　　　　　　　　　　　　　(宇治拾遺物語)

승정께서 말씀하시길, '당신은 귀한 분이시오. 다들 왕자님이라고 한다오.

狐と申すハ、神にておわします。　　　　　　　　　　　　　(狂言六義 釣狐)

여우라 하는 것은 본래 신이십니다.

~ます・~まします (**현대어**: ~でいらっしゃる, お~になる)

중고에 이미 회화체에서는 사라지며 문어체로 자리잡게 되었다.

さては疑ひ嵐の音に、聞こえし薩摩の、守にてますぞ痛はしき。　　　　(謠曲)

게다가 의심할 여지없이, 저 유명한 사쓰마의 수령이셨다니 애처롭기 짝
이 없다.

平家は大勢でまします也。我等は無勢也。　　　　　　　　　　(平家物語)

헤이케는 많습니다. 아군은 없습니다.

~ござる・ございます

　그 외에 '있다'의 뜻의 존경어로 사용된 동사 ござる가 존경보조동사로
사용된 예도 보인다. ござる는 보조동사로 사용될 때에는 이미 정중어의
용법으로 사용되기 시작하는데 인물을 나타내는 말에 붙은 것은 존경의
보조동사로 볼 수 있다고 하겠다.

さてさてお氣の早い殿様でござる。　　　　　　　　　　　　(狂言 靫猿)

이것 참 성질이 급하신 나으리올시다.

まことにお喜びでござりましょう。

진정으로 기쁘시지요.

(2) '~해 주다'의 뜻의 존경 보조동사

'해 주다'의 뜻의 보조동사로는 중고부터 사용되어 오던 給ふ의 부류와
중세에 등장하여 현대어에까지 이어지는 ~くださる(る)가 있다.

~たま(給)ふ・~たぶ

たぶ는 たまふ가 음변화한 たうぶ의 축약어라 하겠다. 본동사 이외에 보
조동사로 여전히 사용되고 있다.

　　鳥の音におどろかされて夜深く出でたまふも、なごりを殘す心地して

　　　　　　　　　　　　　　　　　　　　　　　　　　　　　　(とはずがたり)

　　새 울음소리에 잠이 깨어 밤중에 돌아가시는 것도 아쉬운 마음이 들어

　　侍從の弟、爲守の君のもとよりも、三十首の歌を送りて、「これに点合ひて、わろ
　　からんことを、こまかにしるしたべ」と言はれたり。　　　　　　(十六夜日記)
　　지주의 동생 다메모리님 쪽에서 30수의 노래를 보내어, "이 노래들을 평
　　가하시어 좋지 못한 부분은 상세히 알려주십시오"라고 하였다.

~(さ)せたま(給)ふ

중고에 최고의 경어로 쓰이던 ~(さ)せたまふ는 중세에도 경의가 높은
보조동사로 사용되었다.

　　そのついでに、故人道大納言、草の枕にも立ちそひて夢に見えさせ給ふ由な
　　ど、この人ばかりやあはれにもおぼさんとて、書きつけ奉る　　　(十六夜日記)
　　그 편에 돌아가신 뉴도 다이나곤(다메이에)이 여행길 잠자리에도 나타나
　　꿈에 보이신다는 얘기 등, 이 분만은 애석하게 여기실 터이니 적어서 보
　　내드린다.

其後、御門、ほどなく御なふとならせたまふ　　　　　　　　（狂言六義　釣狐）

그 뒤에 왕은 이윽고 주술에 걸리시었다.

~てくださる(る)

よいように仰せ上げられて<u>下されい</u>。　　　　　　　　　　（狂言　靭猿）

잘 말씀 드려주시게.

大名甲：心得た。何とお持ちゃったか。

通りの者：これでようござるか、見て<u>下されい</u>。　　　　（狂言　二人大名）

다이묘 갑：알았다. 어허, 들었는가?

행인：이렇게 들면 되는지 보십시오.

屋敷の狭いことを御苦労になされ、武悪におことづてをなされて<u>下されて</u>、ちか

ごろかたじけのうござる。　　　　　　　　　　　　　　　（狂言　武悪）

집이 좁은 것을 걱정하시고 부아쿠에게 전언을 해주시니 정말 고마우시다.

太郎冠者：某が頼うだ人は　殊ない秀句好きで、秀句さえ言えば、喜うで抱え

させらるるによって、その秀句を教えておまそうかということじゃ。

今参：習うて成ることならば教えて<u>下されい</u>。　　　　　　（狂言　今参）

다로 시종：우리 나리는 말장난을 좋아해서 말장난만 하면 기뻐하시니까

말장난을 가르쳐 드리겠소.

신참：배워서 말장난을 할 수 있다면 가르쳐 주시오.

(3) ‘~하다’의 뜻의 존경 보조동사

다른 동사의 뒤에 보조동사로 사용되어 그 동작을 높여주는 역할의 존

경보조동사는 중세의 특징으로는 (御ーあり(ある)의 사용이 대표적이다. 또 御ーあり에서 파생되는 御～なる, 御～やる 등이 있다. 한편 '하다'의 뜻의 존경어로 현대어까지 높은 존경어로 사용되는 御～なさる(る)의 사용은 현대어에의 연결점을 보여준다.

御～なさる(る)・～なさる(る)

중세의 어법 자료인 로드리게스의 '일본대문전(日本大文典)'에 이 시대 회화체의 가장 높은 존경표현으로 존경어동사 なさるる를 들고 있다. なさるる는 접두어 御와 동사의 앞뒤에 붙어서 보조동사로 사용되고 있다. 그러나 중세의 중심적이 역할을 하지는 못한다.

ついでがなければ、おんいましめなさるることもござなかった。

(天草版平家物語)

기회가 없어 징벌하실 수도 없었다.

これは御いでなされたならば、ようござらう　　　　　　(狂言　黒塗)

소신은 납신다면 기쁘지요.

太郎冠者：　「まことにこのあたりは、おおかた御見物なされましたによって、

今日はどれへぞ珍 しい所へ、お供致したいものでござる。」　　　(狂言　舟船)

다로시종 : 정말 이 주변은 대부분 구경하셨으니, 오늘은 어딘가 안 가본 데로 모시고 싶습니다.

(御)～あり(ある) (현대어： ～なさる)

중세 이후에 사용되는 것으로 중세어의 특징이라 하겠다. 경의를 품은

명사나 존경의 접두어를 취한 명사(御元服 등)밑에 붙어서 '그 행동을 하다'는 뜻의 존경어로 사용된다. 경의도는 매우 높은 경우에 사용된다. 또한 이 형태의 경어형에서 御座あり도 등장하게 된다. 후에는 御～ある, 御～やる의 형태도 사용된다.

法皇これを叡覧あって   (平家物語)
법왕이 이 경치를 보시고

名を御尋ありければ、大衆共公家の才学を計みむとや思ひけん   (平治物語)
이름을 물어보시자 스님들은 귀족(왕)의 재학을 살피고자 생각했던 것일까.

寺江二御留リ有て九日京へ入セヲハシマス   (延慶太平記)
데라에에 머무시고 9일 도읍으로 들어가셨다.

いつも 御出ナサルゝ、わかい集が、たゝなりとも 御ざってはなさせらるゝニ、
ことに、庭ノ花がさかりじゃホドニ、みなおいであらふず   (狂言六義)
늘 오시는 손님이 그렇지 않아도 계신데 특히 정원에 벚꽃이 만개하니 모두 오시었다.

御～なし

御～ありの 부정은 御～なし이다. '～하지 않으시다'의 뜻이다.

主上ノ思フヤウニモ御ユルシナクテアリケルホドニ   (愚管抄)
주상 생각대로 허락하시지 않으시니

たとひ入道がかなしみを御あはれみなく共、などか内府が忠をおぼしめし忘れさ

世給ふべき。 (平家物語)

설령 뉴도께서 내 슬픔을 불쌍히 여기시지 않더라도 어찌 내대신의 충성

을 잊으실 수 있단 말인가.

(御)~やる

なぜにそなたは力をお添やらぬぞ。 (天草版伊曾保物語)

어찌하여 당신은 돕지 않으시는 건가.

おれにおまかしやれ (狂言六義)

저에게 맡겨주세요.

(御)~なる

なる는 중고 후기부터 예가 보이지만 일반적으로 사용되게 된 것은 중

세이다. 경의도는 매우 높아서 왕이나 왕족에게 사용되었으나 중세 말기

에는 거의 쇠퇴하게 된다. 御~なる의 사이에 명사와 동사를 삽입한 표현

이 빈번히 사용되게 되어 현대어의 御~になる 표현이 생기게 된 것이라

고 한다.

法皇都へ還御なる (天草版平家物語)

법왕은 도읍으로 환궁하셨다.

明年の秋の比、必ず崩御なるべし (保元物語)

내년 가을에 틀림없이 붕어하실 것이다.

(3) 존경의 조동사

る・らる

중세의 る・らる는 중세말기에는 るる・らるる가 되며 현대어에서는 れる・
られる로 사용되고 있다. 중세의 る・らる는 특정어형의 다른 존경어 동사에
붙어서 이중경어를 만들고 있다. る・らる에 대해서 로드리게스는 '일본대
문전'애서 경의가 낮은 존경어로 당사자가 없는 자리에서 화제가 되는 사
람을 높일 때에 사용할 정도라고 그 경의도를 정하고 있다.

旅の空を思ひおこせて詠まれたるにこそ、　　　　　　　　　（十六夜日記）

여행지를 떠올리며 노래를 지으시니

京中・洛外ノ武士ドモヲ六波羅ヘ召集テ、先着到ヲゾ付ラレケル。

　　　　　　　　　　　　　　　　　　　　　　　　　　　　（太平記）

교토내, 교외의 무사들을 로쿠하라에 불러 모으고 선착순을 매기셨다.

さらば人まいれとて、小松殿へぞ帰られける。　　　　　　（平家物語）

"그 후에 가거라"하고 고마츠 저택으로 되돌아가셨다.

〜(さ)せらる・〜(さ)せられる

중고에는 조동사 す・さす가 존경의 보조동사와 같이 쓰여서 높은 경의
를 나타내었는데 중세에는 존경의 조동사 る・らる와 결합한 〜(さ)せら
る・〜(さ)せられる의 형태로서 존경의 뜻을 높이는 용법으로 사용되었다.

馬がなくハ、慮外ながら、こなた、馬にならせられひ。　（狂言六義 馬口労）

말이 없으면 죄송하지만 당신이 말이 되십시오.

思ふても見させられひ。　　　　　　　　　　　　　（古今能狂言・うつぼざる）

생각을 해 보십시오.

~さします

존경을 나타내는 さします는 조동사로도 사용되었다.

なうなう、これのは内に居さしますか　　　　　　　　　　　（狂言 花子）

여보시게, 자네 집에 계신가.

*これの : 3인칭대명사 これの人의 준말

2. 겸양어

1) 특정어형의 겸양어

▶ いふ (言ふ)의 겸양어

중고시대에는 '말하다'의 뜻의 겸양어로 きこえさす, きこゆ, 申す가 있었
지만 중세에는 회화체에서는 申す만이 남으며, 중세의 새로운 겸양어로
서 申し上ぐ가 나타나게 된다. 申す는 중세에 경의도는 낮아진다. 한편 申
し上ぐ는 사용범위도 넓어지며 경의가 높은 겸양어로서 사용된다.

まうす (申す)

人参って、「当時都に聞え候仏御前こそ、参って候へ」と申しければ、

　　　　　　　　　　　　　　　　　　　　　　　　　　　　（平家物語）

사람이 (기요모리를) 찾아와서, "요즘 교토에 소문이 자자한 기녀 호도케고
젠이 찾아왔습니다"라고 아뢰니,

まうしあぐ (申し上ぐ)

太郎冠者：お言葉を返しまするはちかごろ慮外にはござれども、武惡がことにお
　　　　　きましては、幾重にもおわびを<u>申し上</u>げまする。　　　（狂言　武惡）

다로 시종 ：　지극히 마땅하신 말씀이오나, 부악에 관해서는 제가 재삼재
　　　　　　사 사과 말씀드립니다.

▶ **おもふ (思ふ)의 겸양어**

ぞんず (存ず)

'생각하다'의 뜻의 겸양어이다. 회화문이나 서간문에 많이 쓰였으며 정
중어로서의 용법도 있다.

天下の諸人も皆かく<u>存じ</u>ける処に　　　　　　　　　　　　　（保元物語）

세상 모든 사람도 모두 그렇게 생각하오니

さればこそ、田舎者で、何をも<u>存ぜ</u>ぬ。　　　　　　　　　（狂言　末広がり）

아니, 시골사람인데, 아무것도 생각하지 않았소.(몰랐소)

▶ **みる (見る)의 겸양어**

중고말기부터 있었다고 하는 拝見す의 예가 보인다.

はいけんする (拝見する)

将軍尊氏院宣ヲ拝見シ給テ　　　　　　　　　　　　　　　（西源院本太平記）

쇼군 다코지는 상왕의 선지를 보시고

▶ あふ (会ふ)의 겸양어

'만나다'의 뜻의 겸양어로는 현대어에서도 사용되는 御めにかかる가 사용된다. 御めにかかる는 높은 사람의 눈에 뜨이게 한다는 뜻에서 온 겸양어이다.

おめにかかる (御目にかかる)

明日参じて<u>御目にかかり</u>候べき旨、   (義経記)
내일 나아가 만나뵐 것이라고

▶ きく (聞く)의 겸양어

중세전후기에 걸쳐 承る가 '듣다' '묻다'의 뜻의 겸양어로 사용되었는데 중세후기에는 회화체로서 うけたまうる의 형태가 사용되기도 하였다. 또한 '묻다'의 뜻의 겸양어로 伺ふ의 예가 보인다.

うけたまはる (承る)

一節<u>承ら</u>うずるために参ったOreば   (天草版伊曾保物語)
한 곡 들어보기 위해서 왔으니

越前・加賀：このようなことを<u>承れ</u>ば、心がくわっくわっと致す。   (狂言 餅酒)
에치젠・가가 : 이런 말을 들으니 가슴이 두근 두근 합니다.

うかがふ (伺ふ)

院宣<u>うかがは</u>うに一日が逗留ぞあらんずる・   (平家物語)
상왕의 선지를 여쭙기 위해서는 하루를 체류해야 하겠지.

▶ す의 겸양어

'하다'의 뜻의 する의 겸양어로는 つかまつる, いたす가 있는데 つかまつる 가 경의가 높았다. 그 외에 申す의 사용도 보인다.

つかまつる (仕る)

이전부터 사용되었으며 つかうまつる의 형태도 있었지만 일찍 소멸되었 다. つかまつる는 '행위를 행하다'의 뜻의 경의도가 높은 겸양어로 사용되 나 그 행위는 '하다'에 국한되지 않고 '연주하다', '노래를 짓다' 등의 행위 에도 해당된다.

幽人ハ御帰リアレ。ヒルネヲ<u>仕ル</u>ベシ。　　　　　　　　　　(中華若木)

유인은 돌아가셨다. 낮잠을 자야겠다.

加賀 ： 「打ち越し酒の二年酔かな」と<u>仕</u>りましょう。

奏者 ： 一段とよう詠うだ。　　　　　　　　　　　　　　　(狂言 餠酒)

가가 ： '해를 넘고 술은 2년 취하겠네'라고 짓겠습니다.

주자 ： 아주 잘 지었소.

佐渡 さて我々はもはや、お暇<u>仕</u>りましょう。　　　　　　(狂言 佐渡狐)

자 우리는 이제 자리를 뜹시다

いたす (致す)

중세말기에는 いたす도 つかまつる도 일반적으로 사용되었다. 그러나 서간문이나 문서에서는 いたす를 많이 사용하였으며 いたす는 겸양어와 정중어의 두 가지 용법이 다 나타난다.

功德すくなければとて望をたつべからず、一念十念の心を<u>致せ</u>ば來迎す。

(平家物語)

공덕이 적다고 해서 희망을 잃지 마라. 오로지 불심으로 기도하면 왕생할 수 있다.

そのとほりに<u>いたせ</u>ば済む事でござるか　　　　　　　　　　　(狂言 包丁聟)

그대로 하면 되는 것입니까?

まうす (申す)

'하다'의 뜻의 겸양어로 申す를 사용하고 있는데 경의는 별로 높지 않다.

師直什ド目モナクエミマケテ、　「御物語之余リニ面白キニ、先引出物ヲ<u>申サ</u> ン」とて、　　　　　　　　　　　　　　　　　　　　　　(大平記)

모로나오는 크게 기뻐하며 "이야기가 매우 재미있으니 선물을 하지요"하고

▶ くふ (食ふ)・のむ (飲む)의 겸양어

'먹다, 마시다'의 뜻의 겸양어로는 たうぶ(下二段)・たぶ(る)・頂戴する・ いただく・くださる가 있는데 たうぶ(下二段)・頂戴する는 중세전기에만 보이 는 예이다.

たぶ (食ぶ)

たぶ는 윗사람이 주시는 행위를 나타내는 존경어이었는데, 그것을 받 는 겸손한 행위를 나타내게 됨으로서 '먹다, 마시다'의 뜻의 겸양어로 용 법이 확장되는 것이다. 그러나 '먹다, 마시다'의 뜻의 겸양어 용법은 중세 전기에는 드물며 중세후기가 되면 겸양어의 용법과 정중어의 용법의 두 가지로 나타난다.

このやうなよい酒は、ついに食べたことがござらぬ。　　　　　　　　　（狂言）

이렇게 좋은 술은 이제까지 마셔본 적이 없습니다.

食ぶ→食べる

일본 현대어의 '먹다'의 뜻의 たべる는 본래는 食ぶ로서 윗사람이 주는 것을 받는다는 뜻의 겸양어로 쓰였는데, 특히 음식물을 받는다는 뜻으로 쓰였다고 한다. 그러나 중세후기에는 '먹다, 마시다'의 뜻의 하2단 활용동사로서 겸양어로 쓰이게 된다. 근세에는 정중한 표현으로도 사용되며 현대어에서는 '먹는다'는 뜻의 보통어가 되었다.

たうぶ (食ぶ)

銚子にかはらけ取りそへて持て出でて、　『この酒をひとりたうべんがさうざうしければ、申しつるなり。肴こそなけれ。　　　　　　　　　　　（徒然草）

술병과 술잔을 가지고 와서, "이 술을 혼자 마시옵기가 적적하여 불렀소이다. 술안주는 없지만.

いただく

중세전기에는 아직 '먹다, 마시다'의 뜻의 겸양어로서의 いただく는 사용되지 않으며 중세후기에 나타나게 된다.

猫の食はぬやうにして置け。後程に芥子酢にてからからとし、いただかん

（狂言記・生捕鈴木）

고양이가 먹지 않도록 해 둬라. 나중에 겨자초로 꼬득꼬득하게 해서 먹어야지.

くださる

‘먹다, 마시다’의 뜻의 겸양어로 사용된다. くださる는 상위자가 하위자에게 ‘주는’ 행위인 下す+존경의 조동사 る로 된 것인데 주시는 것을 겸손하게 먹는다는 겸양어로 사용하게 된 것이다.

> さやうのしさいはぞんぜぬ。上下によらずもちいてまいる程に、我等もくだされてござる。
> (古本能狂言)

그런 사정은 모릅니다. 상하 모두 드시니 우리도 먹었습니다.

▶ 承知する의 겸양어

‘알겠다, 승낙하다’의 뜻의 겸양어로는 うけたまはる(承る), かしこまる(畏まる)가 사용되었는데. かしこまる는 중세에 나타난다.

うけたまはる (承る)

동사 うく의 연용형에 겸양어인 たまはる가 붙어서 생긴 겸양어이다. 명령을 받아 그것을 승낙했다는 뜻의 겸양어로 쓰였으며 ‘듣다’, ‘전해듣다’의 겸양어로 사용되었다.

> 今様一つうたへかし」と宣へば、仏御前、「承りさぶらふ」とて、今様一つぞうたうたる。
> (平家物語)

노래 한 구절 들어보고 싶다고 말씀하시니 호도케고젠은 “알겠사옵니다”고 하며 이마요를 읊었다.

*今様: 헤이안시대 중기에 성립되어 중세 초기에 걸쳐 유행한 가요이다.

> 奏者 : これは今日の奏者です。まかり出て御用を承ろうと存ずる。
> (狂言 佐渡狐)

관리 : 나는 오늘의 접수인이오. 이제 나서서 공무(연공)를 받고자 하오.

かしこまる

황송해서 그에 합당한 태도를 취한다는 뜻으로 사용되는데 '명령을 받다', '승낙하다'는 뜻의 겸양어로 사용되었다.

「こなたへ來たれと申し候へ」

「かしこまって候」 (謠曲・熊野)

'이리로 오라고 말씀드리시오'

'알겠습니다.'

▶ もらふ의 겸양어

'받다'의 뜻의 겸양어로는 たまはる, いただく가 사용되었으며 중세후기에는 頂戴する의 예도 사용되었다.

たまはる (賜はる・給はる)

전 시대부터 쓰이던 たまはる는 중세후기에 '주시다'의 뜻의 존경어의 용법이 생기지만 한편에서는 여전히 '받다'의 뜻의 겸양어의 용법도 남아있다.

平家の見參に入、すこさぬよしを申て所領は給はらんずる物を。草のかげにても
よくみよ。とぞ申ける。 (平治物語)

헤이케에게 보이고 말씀 올리어 영지를 받잡는 것을 저 세상에서 지켜 보거라"라고 하였다.

今は昔、丹後守保昌の弟に、兵衛尉にて冠たまはりて、保輔といふものありけり。 (宇治拾 遺物語)

옛날에 단고의 수령 야스마사의 동생, 효에노조로 고이에 직분을 받잡은
야스스케라고 하는 사람이 있었다.

いただく (頂く)

물건을 머리 위로 '받들다'의 뜻을 지녔던 것이 진화하여 '받다'의 뜻의
겸양어로 사용되었다. 그 외에 '먹다, 마시다'의 겸양어로도 사용되었다.

安堵の御教書をいただき、本国へまかり下るが　　　　　　　　　（狂言 饅頭）

영지 소유권 문서를 받아서 고향으로 내려가는데

ちゃうだい (頂戴)

불교어로서 존경하여 머리위로 물건을 '받쳐 받는다'는 의미이다. 이
용법이 변하여 귀인으로부터 '받다'의 뜻의 겸양어로 사용되었다.

このやうに色々頂戴致いて、うれしうないと申す事がござらうか。

（狂言 人間川）

이렇게 다 받잡고 기쁘지 않을 수가 있겠는가.

▶ あたふ (与ふ)의 겸양어

'드리다'의 뜻의 겸양어 중, たてまつる와 まゐらす는 중고부터 사용되었으
나 중세에 まゐらす의 부류들이 많이 사용되었다. まゐらす의 부류로는 まゐら
す·まゐする·まらする·おまらする·おます가 있는데 이 중에 おまらする는 ま
らする에 경어접두어를 붙여 더 높은 경의를 나타낸다. おます는 おまゐらす
→おまらす→おまっす→おます의 과정을 거치며 변해왔다. 이러한 과정을 거
친 おます는 중세후기에 나타나며 경의는 높지 않다. 그 외에 가장 경의가
높은 것으로 進ず(る)가 있으며 경의는 높지 않으나 上ぐる의 예가 보인다.

たてまつる (*奉る*)

중세에는 まゐらす의 사용에 뒤지며 중세말에는 회화체에서 그 사용예
가 감소하게 된다.

> 久我の相國は、殿上にて水を召しけるに、主殿司（とのもづかさ）、土器を奉り（からわけ）ければ、　「ま
> がりを参らせよ」とて、まがりしてぞ召しける。　　　　　　　　　　（徒然草）

고가 미치테루 태정대신은 내전에서 물을 드실 때 도노모즈카사의 여관이
토기를 드렸더니 "나무 그릇을 가져오너라"고 하시어 나무 그릇으로 드셨다.

まゐらす・まゐする・まらする・おまらする・おます

まいらす・まらする・おまらする와 같이 まゐらす에서 파생된 부류는 여전히
경의가 높은 겸양어로 사용되었다.

> 仙洞へまいらんずるものあらば、すみやかにめしまいらすべし。　　　（保元物語）
> 상왕의 처소에 향하는 무리가 있으면 바로 추포해야 할 것이다.

> 我ハサル人ノ子孫ちやと思テコソ、モノヲハマイスレ。　　　　　　　（桃源抄）
> 나는 그 같은 분의 자손이라 생각하기에 이것을 드린다.

> 布施を取ったらば、わごりよに半分まらせう程に　　　　　　　　　　（虎明本狂言）
> 보시를 받으면 그대에게 반을 드릴테니

> 此上下小袖は、水に濡れも致さねば、足下に（そなた） おまらするでも おりやらぬぞ。
> 　　　　　　　　　　　　　　　　　　　　　　　　　　　　（狂言記、入間川）

이 옷은 물에 젖지도 않았으니 그대에게 드리지도 않은 것이네.

今日は、其方に<u>おまさう</u>と思ふて、酒を調べておいた。　　　　　　　　(狂言記)

오늘은 당신에게 드리고자 술을 골라두었지요.

しんず (進ず)

只今子にて候者を<u>進じ</u>候はんと仕り候。　　　　　　　　　　　　(義経記)

지금 자식을 보내어 아뢰려고 하였습니다.

宿によい燗鍋がござる。あれをこなたへ<u>進じ</u>ましょう。　　　　(狂言 鍋八撥)

숙소에 좋은 술 중탕 냄비가 있어요. 그걸 당신에게 드리지요.

あぐ (上ぐ)

越前：イヤのうのう、加賀の國のおりやるか。

加賀：これに居る。何と<u>上げ</u>さしましたか。

越前：まんまと、納めておりゃる。　　　　　　　　　　　　　　(狂言 餅酒)

에치젠 : 여보게, 가가 사람 있는가.

가가 : 여기에 있네. 공물은 바쳤는가?

에치젠 : 잘 바치었네.

奏者：これは今日の奏者です。まかり出て御用を承ろうと存ずる。

佐渡：さらば<u>上げ</u>て参ろう。

越後：早う<u>上げ</u>てわたしめ。　　　　　　　　　　　　　　(狂言 佐渡狐)

관리 : 나는 오늘의 접수인이오. 나서서 공무(연공)를 받고자 하오.

사도 : 그럼 바치겠소.

에치고 : 빨리 바치세.

▶ いく (行く)・く (来)의 **겸양어**

まゐる (参る)・さんず (参ず)・まかる (罷る)

중고시대에는 '귀한 곳으로 찾아뵙다'의 동작과 '귀한 곳에서 낮은 곳으로 물러나다'의 구별이 있었으나 중세에는 그러한 구분이 약해진다. 높은 곳으로 찾아뵙다의 의미의 参る와 参ず는 같은 정도의 경의의 겸양어라고 한다. '귀한 곳에서 멀어지다'의 뜻의 まかる는 회화문에서 사용되었는데 중세말기에는 소멸된다.

まゐる

「これこそ、思ひもよらざりつれ。ありがたき策かな。やがて<u>参らむ</u>」 (平家物語)

이거야말로 생각도 못했다. 기발한 묘안이로다. 바로 찾아뵈어야겠네.

「奏すべき事があ(ッ)て法住寺殿へ参る。やがてこそ<u>参らめ</u>」といひけれ共、

(平家物語)

"아뢸 말씀이 있어 호주지 상왕궁으로 가네. 그 다음에 바로 찾아뵙겠네"
라고 말했지만

まかる (罷る)

'상위자가 계신 곳'에서라는 한정된 조건하에서 쓰이는 겸양어 동사로는 まかる, まかづ가 있는데 まかづ는 중세에는 안보이며 まかる는 회화문에서 사용되었는데 중세말기에는 회화문에서 쇠퇴하고 만다.

御はたご馬など、まいりたらんに、物など食ひて<u>まかれ</u>(宇治拾遺物語)

짐을 실은 말이 오면 식사하고 가게나.

さんず (参ず)

今夜少し勞り、明日参じて御目にかゝり候べき旨、只今子にて候者を進じ候は
んと仕り候。　　　　　　　　　　　　　　　　　　　　　　　　　　（義経記）

오늘 밤은 몸을 좀 돌보고 내일 나아가 만나 뵐 것이라고 지금 자식을 보
내어 아뢰려고 하였습니다.

▶ **いる의 겸양어**

'있다'의 뜻의 겸양어로서 중고시대부터 사용되던 はべり, さぶらふ는 중
세에도 여전히 사용되었지만 회화체에서는 모습을 감추게 된다. さぶらふ
는 さうらふ의 형태도 나타나 병행하며 はべり는 はんべり의 어형도 있다.

はべり (侍り)

はべり는 중고에 많이 사용되었던 겸양어로서 중세에도 사용되었지만
회화체에서는 쇠퇴하게 된다.

又二條中將爲明卿ハ、歌道ノ達者ニテ、月ノ夜雪ノ朝、褒貶ノ歌合ノ御會
ニ召レテ、宴ニ侍ル事隙無リシカバ、　　　　　　　　　　　　　　（太平記）

니죠노주조 다메아키 경은 와카의 달인으로 달밤이나 눈 내린 아침에 행
해지는 와카의 우열을 다투는 우타아와세 모임에 불려와 연회에 있지 않
는 날이 거의 없으니

「齋はましますか」と問ふこゑす。このやどりたる僧、あやしと聞くほどに、このほ
こらの内より、「侍り」と答ふなり。　　　　　　　　　　　　　　（宇治拾遺物語）

"도조신은 계신가"라고 부르는 소리가 났다. 마침 머물고 있던 스님이 의아
스러워 하며 듣고 있자니, 이 사당 안에서 "있소"라고 대답하는 것 같았다.

さぶらふ (候ふ)

さぶらふ는 귀인의 곁에서 모신다, 귀인의 곁에 있다의 뜻의 겸양어이다.
또한 오다, 가다의 뜻의 겸양어로도 사용되었다. 또한 보조동사로도 사용되
었다. さぶらふ는 さむらふ, さうらふ로 여형이 바뀌는데 중세(平家物語)에는
여성은 さぶらふ, 남성은 さうらふ를 사용하는 등의 구별도 있었다.

> 兼平一人候とも、余の武者千騎とおぼしめせ。　　　　　　　　(平家物語)
> 소인 가네히라 한사람 있습니다만 다른 무사 천기로 생각하십시오.

> 御前ニ候ケル老臣、皆悲啼ヲ含マヌハ無リケリ。　　　　　　　(太平記)
> 왕의 곁에 있던 늙은 신하들은 모두 눈물을 흘리지 않는 자가 없었다.

2) 부가형식의 겸양어

중세의 겸양어 보조동사로 사용된 것은 たてまつる、まゐらす의 부류로
서 まらする, ～おます(る)가 있으며 겸양어와 정중어의 양면으로 사용되는
申す, つかまつる, いたす의 예가 있다.

～たてまつる (奉る)

'～를 위해서 해 드리다' 의 뜻의 겸양어 たてまつる는 중고부터 쓰이는
데 중세에도 사용되고 있으며 중세말기에는 주로 문장체에서 쓰인다. 회
화체에서는 특별히 장중한 느낌일 때에 사용되었다.

> 熱海の宮へまゐりて、硯とりいでて、書き付けて奉る歌五つ、　　(十六夜日記)
> 아타미 궁에 가서 먹을 갈아서 써 드린 노래 5수

> 少将待ち受け奉つて、「さていかが候ひつる」と申されければ、　　(平家物語)

소장은 (노리모리를) 기다려서 "자, 어찌되었습니까?" 라고 여쭈니

～まゐらす・～まゐする・～まらする・～おまらする・～おます

'～를 위해서 해 드리다'의 뜻의 겸양어의 하나로 まゐらす의 부류가 있다.
まゐらす는 중고에도 사용되기는 하였지만 특히 중세전기부터 많이 쓰인다.
まゐらす는 중세초기부터 연체형 まゐらする가 대표형으로 사용되었다. 중세
후기에 이르러서는 まらする・まいする와 같은 형태들이 생기게 된다.

その御返し、「たよりあらば」と、心にかけまゐらせつるを、……

(十六夜日記)

그 답장에, 소식이 있었으면 하고 마음을 쓰고 있었던 차에

佐命ハ天子ヲタスケマラスルゾ　　　　　　　　　　　(蒙求抄)

사메이는 왕을 돕겠습니다.

その御機嫌の悪しいとき、御機嫌の直る囃し物がある。それを教へておまさうか
といふことぢゃ。　　　　　　　　　　　　　　　　　(狂言・末廣がり))

기분이 나쁠 때에 기분이 나아지는 노래가 있소. 그걸 가르쳐 주겠다는
말이요.

～申す

'말하다'의 뜻의 겸양어인 申す는 본래의 의미와는 상관없이 '～를 위해
서 해 드리다' 의 뜻의 겸양어 보조동사로 사용되었다.

イデサラバ御伴申サン。トテ、續テ腹ヲ切ケレバ、同志ノ侍九十餘人、上ガ
上ニ重リ伏テ、腹ヲゾ切タリケル。　　　　　　　　　　(太平記)

그러면 모시겠습니다. 라며 이어서 할복을 하니, 동지인 무사 90여명이
위로 위로 겹쳐지며 할복을 했다.

~はべり

~はべり는 본동사와 보조동사로 사용되고 있는데 중세에는 이미 정중
어로서의 용법이 증가한다. 그러나 보조동사를 사용하여 행동을 낮추는
겸양어의 용법도 여전히 보인다.

後藤兵衛実基も世にいでけるとぞ承り<u>侍る</u>。　　　　　　　　（平家物語）
고토뵤에 사네모토도 세상에 알려지게 되었다고 들었습니다.

~さぶらふ

중세에는 이미 본동사, 보조동사로 사용된 것도 정중어로서의 용법이
증가하지만 자신의 행동에 보조동사로 사용된 겸양어의 용법도 여전히
보인다.

ただ一身の嘆きと存じ<u>候</u>。　　　　　　　　　　　　　　（平家物語）
이 몸은 참으로 한탄스러울 따름입니다.

~いたす

다른 동사나 한자어에 붙어서 겸양어와 정중어의 용법으로 사용되지
만 다음의 예들은 겸양어의 예이다.

<u>私</u>は用<u>意致</u>しませぬ。　　　　　　　　　　　　　（狂言　福の神）
저는 가지고 있지 않습니다.

あのやうなお気の早い人はござるまい。身どもは御奉公致すことがなるまい。

（虎明本狂言）

저렇게 성질이 급한 사람은 없을 거야. 나는 모실 수가 없을 거야.

これはこのあたりに住まい致す者でござる。　　　　　　　　（狂言　栗焼）

나는 이 근처에 사는 사람이올시다.

～つかまつる

いたすと 마찬가지로 다른 동사에 붙어서 겸양어의 용법으로 사용되고
있다.

いづくまでも御供仕るべき由申せば、　　　　　　　　　　（平家物語）

어디까지고 모시고 갈 것이라 아뢰니

まかり～

まかり를 다른 동사에 붙여서 겸양어로 만드는 용법이 중세에는 일반적
이었는데 장중한 느낌을 더해 준다.

太郎冠者　：　夜前まかり帰ったを、はやどなたやら御存じあって、表に物申とある
る。　　　　　　　　　　　　　　　　　　　　　　　　（狂言　富士松）

다로시종 : 어제밤 돌아온 것을 이미 누가 아셔서 밖에서 이야기하자고
한다.

六日官人等をのをの余勢をそつして、方々へまかりむかふ。（保元物語）

6일, 관인들은 각각 병사를 이끌고 사방으로 향하여 갔다.

～たまふ (賜ふ・給ふ) (하2단)

おのれは旅なれば、田ならば何(に)かはせんずると思給ふれど、馬の御用ある
べくは、たゞ仰にこそしたがはめ」　　　　　　　　　　　　(宇治拾遺物語)

나는 여행 중이어서 밭을 받아도 소용이 없을 것이라 생각합니다. 말이
필요하신 것 같으니 말씀에 따르지요.

3. 정중어

1) 정중어 1

청자(독자)를 의식하여 정중하게 표현하는 정중어 1의 용법이 중세에
는 증가한다. 대표적인 것이 さぶらふ와 はべり이다. はべり는 중고에, 候(さ
ぶら)ふ는 중고말기부터 주로 쓰였으며 さぶらふ가 음변화한 さぶらう는 중
세 이후에 쓰였다. 중세는 정중어의 종류도 증가하며 새로이 '있다', '오
다, 가다'의 존경어로 등장한 ござる의 부류가 본래의 역할인 존경어의 용
법에서 벗어나 정중어로 사용되는 등 다양한 양상을 보인다.

さぶらふ (候ふ)

候(さぶら)ふ의 정중어로서의 용법이 보인다.

正く名をば知たる者候はぬ。　　　　　　　　　　　　　　(平治物語)

제대로 이름을 아는 자가 없습니다.

まゐる (参る)

参る는 겸양어로서의 용법 이외에 정중어로서의 예도 보인다. 사물 등
의 이동을 나타나는데 사용되어진 것은 분명하게 정중어의 예이다. 아래

의 예는 단순히 '가다'의 뜻으로 사용된 정중어의 예이다.

前の河原へ<u>参り</u>あはん。　　　　　　　　　　　　　　　　(徒然草)

이 앞 강가에 가서 겨룹시다.

まうす (申す)

중세의 '말하다'의 뜻의 申す는 많은 장면에서 사용됨과 동시에 인간관계에 의한 다양한 사용법을 보이고 있다. 그 중에 申す는 겸양어 이외에 정중어의 용법이 보인다. 아래 예문의 ふるひ人の申されける는 겸양어와 존경어의 중복된 용법이 아니고 申される 존경어로 취급된다. 이처럼 존경어로 될 수 있는 것은 申す의 겸양어로서의 경의가 약해져 정중어의 용법이 된 것에 기인한다. 또한 에문의 有王とぞ申ける 의 ~と申す는 '~라고 한다(~という)의 정중어의 용법이다.

ふるひ人の<u>申されける</u>は、清盛公は悪人とこそおもへ共、　　　(平家物語)

옛사람이 말씀하시기는 기요모리공은 악인이라고 생각하지만

僧都のおさなうより不便にして、めしつかはれける童あり。名をば有王とぞ<u>申ける</u>。　　　　　　　　　　　　　　　　　　　　　　　　　(平家物語)

소즈 슌칸이 어렸을 적부터 귀여워하며 부리던 아이가 있었다. 이름을 아리오라고 하였다.

つかまつる

つかまつる는 중세에 いたす보다 정중한 느낌으로 사용되었다고 한다. 아래의 예는 일반적인 행위에 사용된 정중어의 용법이다.

過ちはやすき所になりて、必ずつかまつることに候ふ　　　　　　　　（徒然草）

부상은 안심할 수 있는 높이가 되고 나서 꼭 입게 되는 것이옵니다.

ござある・ござる・ござります

御〜あるの 하나의 형태인 御座あると 御座あるの 형태가 축소되어 생긴 ござる가 존경어의 용법 이외에 정중어의 보조동사로서 사용된 예가 보인다. 또한 ござる는 겸양어에서 정중어로 경어의 전이를 일으킨 まする와 합치되어 경의도를 높이고 있다.

なかなか御通りなされうやうはござない。　　　　　　　　　（信光の能 安宅）

좀처럼 지나가실 것 같지 않습니다.

廣い都のことでござるによって、都にないと申すことはござりますまい。

（狂言 粟田口）

?넓은 도읍이오니 도읍에 없다고 라고 하는 것은 있을 수 없을 겁니다.

2) 정중어 2

〜さぶらふ

候(さぶら)ふ가 보조동사로 사용되어 청자를 배려한 정중어 2의 용법이라고 인정할 수 있는 예들이 보인다. 다음의 예도 일반적인 사람들의 행위에 관한 것과 상위자에 대한 존경어에도 붙었으므로 청자를 배려한 것으로 보여진다.

この獵師、「よに貴きことにこそ候なれ。さらば、……」とて、

（宇治拾遺物語）

이 사냥군, '더 할 나위없이 고귀한 일입니다. 그러면 ……'하고

御輿さし寄せて、「とうとう召さるべう候へ」と申しければ、 　　（平家物語）

　　가마를 대고 "빨리 타셔야 합니다"고 아뢰오니

～まゐらす・～まらする

　まゐらす와 まらする는 보조동사로서 申す 奉る 등의 보조동사와 거의 유사한 용법으로 쓰이고 있었다. まゐらす에서 まらする 쪽으로 변해 가는데 まらする는 정중어의 용법으로 변해갔다. 정중어로 용법이 변화된 보조동사 まらする는 직접 동사의 연용형에 붙는 예가 많아지며 현대어의 청자경어(정중어 2) ます의 전신의 역할을 한다.

その御返し、たよりあらばと、心にかけまゐらせつるを、 　　　　（十六夜日記）

　　그 답장에, 소식이 있었으면 하고 마음을 쓰고 있던 차에

軍は勢にはよりまらせぬ。 　　　　　　　　　　　　　　　（天草版平家物語）

　　전투는 병력에 좌우되지 않습니다.

～ござある・～ござる

　ござある와 형태가 축소되어 생긴 ござる가 존경어의 용법 이외에 보조동사로서 정중어 2로서 사용된 예가 보인다. 또한 ござある・ござる・おぢゃる・おりない 등 부류를 이루는데 ござある, ござる가 경의가 높으며 おりゃる, おぢゃる가 아래 단계에 속했다고 한다.

なにやら烏の留まつたごとくにつくつくと見えまらすを、なにぞと尋ねてござあれ

ば、山伏のここぢやと申す 　　　　　　　　　　　　　　　　　　（謡曲集）

　　까마귀가 앉은 것 같이 정말로 보였는데, 누군지 물으니 떠돌이 스님이 여기 있다고 한다.

売手：これが末広がりでおりゃる。

太郎冠者：これへ下されい。

売手：心得た。

太郎冠者：ハハアこれが末広がりでござるか。　　　　　　　　（狂言　末広がり）

우산 장수 : 이게 부채요.

다로시종 : 이거 주시오.

우산 장수 : 알았오.

다로시종 : 하~ 이게 부챕니까?

二. 호칭, 인물, 사물 관련 표현

1. 인칭대명사

1인칭	おのれ まろ み やつがれ われ こ こもと なにがし おちゃら われら われわれ おれ こなた これ それがし わがみ(여성어) わらは(여성어) おら こち このはう てまへ みども わし わたくし
2인칭	きみ お(ん)こと おのれ おまへ そこ なんぢ ぬし わぎみ わどの わぬし われ おのおの おんみ そち それ わがみ あれ、おてまへ おぬし おのし かたがた こなさま こなた そこもと そなた そのはう そもじ それさま わごりょう
3인칭	かれ あなた あれ これ それ あやつ かれがし きゃつ しゃつ あいつ かつ かのさま こいつ
부정칭	た たれ いづれ そんぢゃう それがし どなた どれ

1) 1인칭

중세는 시대적인 사회상의 변화가 극심하며 인칭대명사의 사용도 다양하다. 중세부터 사용하던 1인칭도 여전히 사용되는 것이 많으며, 그 외에 중세전기에 새로이 나타나는 것(おれ, こなた, これ, それがし, わがみ(여성어),

わらは(여성어)과 중세후기에 새로 나타나는 것들(わたくし, わし, おら, こち, このはう, てまへ, みども)이 있다. 현대어에서 사용되는 경의도가 높은 わたくし가 중세후기에 그 모습을 들어내는 점은 주목할 만하다.

> この頃、<u>わたくし</u>の後見に、長崎入道圓基とかやいふ物あり。　　　　　(増鏡)
> 요즘 저를 도와주는 분으로 나가사키뉴도엔키라는 사람이 있소.

2) 2인칭

1인칭만큼 많지는 않지만 역시 다양하게 사용되고 있다. 또한 중세 전기에 새로 나타난 것은 おのおの, おんみ, そち, それ, わがみ가 있으며 중세후기에는 あれ, おてまへ, おぬし. おのし, かたがた, こなさま, こなた, そここもと, そなた, そのはう, そもじ, それさま, わごりょう가 나타난다. 중고에 방향을 나타내는 あなた가 경의가 높은 2인칭으로 사용되었는데 중세에도 방향을 나타내는 そなた, こなた, かのはう 등이 사용되어 경의가 높은 2인칭으로 사용되고 있다.

> それは<u>そなた</u>の物じゃによって、わごりょの行く方へ持って行たがようおりゃる。
>
> 　　　　　(狂言)
> 그건 당신 것이니까 당신이 가는 데에 갖고 가면 좋을 것이다.

3) 3인칭

전시대부터 사용되던 かれ, あなた, あれ, これ, それ 이외에 중세부터 사용된 あやつ, きゃつ, しゃつ, あいつ, かれがし의 예가 보인다. かれがし는 이름을 알 수 없는 제3자를 가리킬 때에 쓴다. あやつ, きゃつ, しゃつ, あいつ는 속어로서 욕으로 사용되는 3인칭이다.

「やゝ廳には又何者か候」といへば、「<u>それがし</u>、<u>かれがし</u>」といふ。

(宇治拾遺物語)

저 관청에는 아직 누가 있습니까? 라고 하니, '아무개, 아무개 그 사람'이
라고 한다.

4) 부정칭

상고부터 보이던 た, たれ는 여전히 보이며, 중세에 새로이 いづれ, そん
ぢゃう, それがし, どなた, どれ의 예가 보인다.

<u>慮</u>外ながらこなたは<u>どなた</u>でござる。 (狂言)

실례지만 당신은 누구세요?

참고

일본어의 인칭대명사는 사물, 장소, 방향을 나타내는 지시대명사에서 전
성된 것이 많다.
　방향: こなた, そなた, あなた, かなた, どなた
　　　　こち, そち, あち／どち
　사물: これ, それ, あれ・かれ, どれ
　장소: ここ, そこ, そこもと, あしこ・かしこ

2. 접두어

御 : おん, お, み, ご, ぎょ

おん : 대부분 고유어에 붙지만 한자에 붙은 예도 약간 보인다.

おん＋고유어 : おんあるじ(主), おんくるま(車)

おん＋한자어 : おんれい(礼), おんけい(戒)

お : 대부분 고유어에 붙지만 일상적인 한자어에 붙은 예들도 보인다.

　　お＋고유어 : おいのち(命), おい(出)で, おあはれみ(憐み)

　　お＋한자어 : おだいじ(大事), おねんぶつ(念仏), おだうり(道理)

み : 상고부터 사용되던 접두어 み는 みかど(帝), みき(御酒)와 같이 한

　　단어화해서 사용되는 단어도 있지만 여전히 제한된 범위 내에서

　　고유어와 한자어에 붙어서 사용되고 있다.

　　み＋고유어 みあし(足), みくに(国), みよ(世)

　　み＋한자어 みけうしょ(教書), みだう(堂)

ご : 거의 한자어에 붙었으나 고유어에 붙은 경우도 있다.

　　ご＋한자어 : ごおん(恩), ごよう(用), ごじひつ(自筆)

　　ご＋고유어 : ごつげ(告げ), ご計らひ

ぎょ : 1자 한자어에만 붙지만 경의는 대단히 높아서 왕, 왕실 관계자들

　　에 관련된 어휘에 붙는다.

　　ぎょ＋한자어 : ぎょい(意), ぎょかん(感), ぎょい(衣)

3. 접미어

殿、公、様가 중세를 대표하는 존경접미어이다.

殿 : 중고에는 ～君라고 하던 것이 중세에는 많은 부분 殿로 바뀐다.

　　殿는 시대의 흐름과 함께 경의도 저하해 간다. (左大臣殿 등)

公 : 대신 등 귀인의 성명에 붙여서 경의를 나타낸다. (道長公 등)

様 : 인명이나 관명에 붙어서 경의를 나타내는 존경접미어(様)는 중세
　　 후기부터 나타난다. 殿 등이 경의가 낮아지면서 대신하여 경의가
　　 높은 접미어로 등장하였다. (母上様 등)

4. 조사(の·が)

　주격조사, 연체격조사라는 문법적인 용법의 구분 이외에 대우의식에
의한 사용의 구분이 있었다고 보는데 중세에 유명한 자료가 있다. 중세의
자료 宇治拾遺物語에 '사타(佐多)'라는 무사가 '사다의 옷'이라는 표현을 さ
たの衣라고 하지 않고 さたが衣라고 が를 사용한 점에 대해 자신을 비하했
다고 격노하는 이야기가 있다. 이 점은 이 시대에 분명히 が는 비하하는
느낌이며 の를 사용하는 것이 품위가 있다고 느끼는 것을 알 수 있다.

　　われが身は竹の林にあらねどもさたがころもをぬぎかくるかな　　　(宇治拾遺物語)
　　さた：「さたの」とこそいふべきに、……「さたが」といふべき事か。
　　(여인의 글) 내 몸은 대나무 밭이 아닌데 사타의 옷을 벗어 걸어두는구려.
　　사타 : さたの라고 해야 하는데 ……さたが라고 해야 하겠는가.

4장 근세의 경어

상고, 중고, 중세까지의 경어는 왕가, 귀족 중심의 상류계급의 언어사용이 기록으로 남아있는 것이다. 그런데 근세는 신분이 확실히 구분되던 시대였으나 경어의 자료로서의 상류계급의 언어사용은 주류를 이루지 못한다.

또한 지금의 도쿄(東京)가 근세에는 에도(江戶)인데 실제로 근세에서 에도의 문화가 중심이 되는 것은 18세기 중엽부터이다. 전반기는 교토를 가미카타(上方)라고 하여 교토 중심의 문화가 영위되고 있었다. 그러므로 근세 전반기의 경어 자료들은 교토어 중심이며 후반기는 에도어 중심으로 되어 있다.

그러므로 지금의 도쿄어의 원류를 찾아서 이어보고자 하여도 근세의 전기와 후기는 상당한 단절이 있고 자연스럽게 이어지지 않는 것이다. 따라서 현대 일본어에서 공통적으로 사용되는 언어인 도쿄어의 원류는 근세의 후기 에도지방 언어에 초점이 맞춰지게 된다.

또 한 가지의 문제점은 근세는 신분이 확실하게 구별되고 언어사용도 그에 따라 확실히 구별되어 있었는데 현재 남아있는 근세의 자료들은 당시의 상류계급이었던 무가(武家)의 기록은 거의 없고 조닝(町人) 중심의 경어사용이 도쿄어의 대표적인 언어자료로 남아 있다는 점이다. 이처럼 에도시대의 작품 속에는 상류층을 제외한 일부 신분들의 경어사용만이 나타나있기 때문에 그 다음 시대인 근대의 경어 양상과 자연스럽게 이어지지 않는 문제점이 생긴다.

한편 근세의 경어의 특징을 에도어에서 찾아보면 신분에 따라서 경어사용이 달라서 인칭이 다양하며 그 인칭과 호응하는 술어의 경어형을 5단계로 나눌 정도로 종류가 많고 구분되어 있다는 점이다.

　근세의 경어 양상은 종래의 특정어형의 존경어, 겸양어 이외에 보통어에 경어 성분을 부가하여 생기는 경어형식이 많이 사용되었다. 중세의 특징이기도 존경접두어 御의 사용은 근세에는 더 많아진다. 동사의 위에 접두어 御를 붙이고 동사의 연용형(御帰り 등)을 그대로 사용하는 등 御의 사용의 다양성을 보이고 있다. 또 いらっしゃる、おっしゃる、さっしゃる등의 しゃる형 경어가 많이 등장한다. 이러한 しゃる형은 종래부터 사용되던 존경의 조동사 れる·られる와 같이 조동사로도 사용된다. 또 특징적인 것의 하나는 현대 존경어의 주역인 お~になる의 경어형이 성립한다는 점이다. 한편 청자를 배려하는 정중어 2는 ます와 でございます가 사용되고 있으며 현대어의 です는 회화체에서 거의 보이지 않으며 근세말기에 겨우 나타난다.

　근세의 경어는 근세의 전후기를 나누어 다루게 되지만 이 책에서는 고전경어의 전체적인 흐름과 현대어로의 이행을 다루고 있으므로 경어의 종류를 전후기로 나누지 않고 같이 다루기로 하였다.

一. 용언의 경어형

　다음에 근세에 사용된 동사의 특정어형의 경어를 존경어와 겸양어로 나누어 표로 제시하였다.

현대일본어 (한국어)	고어의 보통어	존경어	겸양어
言う(말하다)	いふ	おほ(お)せらる おしゃる おっしゃる	まうしあぐ(る) 申す
思う (생각하다)	おもふ	おぼす おぼしめす	ぞんずる
見る (보다)	みる	ごらんず ごらうじる ごらんなさる	拝見する
会う (만나다)	あふ		おめにかかる
聞く (듣다)	きく		うけたまはる
する (하다)	す	あそばす なさる めさる さしゃる・さっしゃる (さ)せらる・(さ)せられる	いたす つかまつる
着る (입다)	きる	めす・めさる	
乗る (타다)	のる	めさる	
食ふ・飲む (먹다/마시다)	くふ・のむ	きこしめす めしあがる めす あがる まゐる	たぶ いただく くださる
知る (알다)	しる	しろしめす	ぞんずる
承知する	しょうちする		うけたまはる かしこまる
寝る (자다)	ねる	げしなる およる おやすみ(なさる)	
起きる	おく	おひんなる	

현대일본어 (한국어)	고어의 보통어	존경어	겸양어
もらう (받다)	もらふ		たまはる いただく くださる(る) 頂戴(する)
与える (주다)	あたふ		さしあぐる あぐる おます(る) まゐらす 進ずる たてまつる
くれる		くださる たもる	
招く(부르다)	まねく	めす	
いる・あり(ある)・行 く・来(来る) (있다, 가다, 오다)		おはす わせる ござる・ござ(り)んす おぢゃる おりゃる・おりない いらっしゃる	
いる・ある(있다)			をる はべり さうらふ
行く・来(가다, 오다)			まゐる さんずる あがる うかがふ

1. 존경어

1) 특정어형의 존경어

▶ いふ (言ふ)의 존경어

'말하다'의 뜻의 존경어는 중고시대부터 사용되던 おほせらるる가 여전히 경의가 높은 존경어로 예를 보이고 있다. 중세부터 사용된 おしゃる가 사용되고 있지만 근세에는 극감하며 おしゃる에 촉음이 도입된 형태인 おっしゃる가 널리 사용되기 시작한다. おしゃる・おっしゃる의 경의의 차이는 없지만 おほせらるる보다는 경의가 낮다.

おほせらるる (仰せらるる) (**현대어** : おっしゃる)

おほせらるる가 근세에는 おうせらるる, おおせらるる의 표기로 사용된다.

わけもない事を仰せられまする　　　　　　　　　　　　(近松歌舞伎傑作集)

터무니없는 말씀을 하십니다.

聖人と仰らるゝで気が付きました。生まれて此かた夢を見ぬやうで御ざりますといはれた。　　　　　　　　　　　　　　　　　　　　(輕口本集)

성인이라고 하셔서 알았습니다. 태어나서 지금껏 꿈을 꾼 적이 없는 것 같습니다. 라고 하였다.

おしゃる

さすぞ盃。ならずと一つ參れ。いやとおしゃるに。こちゃも。それぢゃ。

　　　　　　　　　　　　　　　　　　　　　　　　　(心中宵庚申)

술을 따르지요. 그러지 마시고 좀 드시지요. 싫다고 하시니. 나도 그러면

曼陀羅書くと<u>おしゃれ</u>ども　　　　　　　　　　　　　　　　（八百屋お七）
만다라 그린다고 말씀하셔서도

おっしゃる

いづれもさやうに<u>おつしゃる</u>で、気がつきました。　　　　　　（遊小僧）
모두들 그렇게 말씀하셔서서 알게 되었습니다.

怖がってござれば<u>おっしゃられ</u>まい　　　　　　　　（近松歌舞伎傑作集）
겁나시면 말씀하지 않겠지.

どうぞ御覆藏なく<u>おつしやつ</u>て下さりませ。それが私の為になります（浮世風呂）
부디 본심을 감추지 마시고 말씀해 주세요. 그것이 저를 위하는 겁니다.

▶ おもふ (思ふ)의 존경어

'생각하다'의 뜻의 존경어로는 おぼす와 おぼしめす(思し召す)의 예가
보이며 おぼしめす가 おぼす보다 경의가 높다. おぼす는 중세 말기에 이
미 쇠퇴하지만 근세에도 예는 보인다.

おぼす(4단) (현대어 : お思いになる)

わが大人いかに<u>おぼす</u>やらん。　　　　　　　　　　　　（椿説弓張月）
우리 주군이 어떻게 생각하시는 걸까.

「目に見えぬものも誠をいたしとりければ、仏あはれと<u>おぼし</u>たりけるなんめり」　と
ぞ、人いひける。　　　　　　　　　　　　　　　　　　　　　　（唯あり）

눈에 보이지 않는 것도 정성을 다함으로써 부처님이 기특하게 여기시는
것 같다고 사람들이 말한다.

おぼしめす (思し召す) (**현대어**: お思いになる)

佛は慈悲第一、すこしもいつはりは御座らぬ、たのもしうおぼしめせ

(世間胸算用)

부처님은 자비가 제일입니다. 조금도 거짓은 없습니다. 미덥게 생각하
세요.

なぜお望みを達さうとはおぼしめしませぬぞ (景清)

어째서 바라는 것을 이루려고 생각하지 않으시는지요.

ハテ、たかいとおぼしめすなら、あがつたものを殘らずおもどし下さりませ

(東海道中膝栗毛)

자, 비싸다고 생각되시면 드신 것을 모두 다 토해놓으시지요.

▶ みる(見る)의 존경어

중세부터 사용되던 御覧ず (る), ごら(ろ)うじる 이외에 御覧なさるる의 예가
보인다. 증세에는 ご覧じらる가 사용되었지만 근세에는 御らんなさるる의 예
가 많이 보이며 경의도 높다.

ごらんず (ご覧ず) (**현대어**: ご覧になる)

されば連々山の芋が鰻になると人のいうてあれど、さだめて虚説ならんと疑ひし
が、これ御覧ぜよ。 (醒睡笑)

그래서 사람들이 죽 이어진 참마가 뱀장어가 된다고 말해도 분명 헛말일 것이라고 의심했지만 이것을 보시지요.

ごらうじる (ご覧じる) (**현대어**: ご覧になる)

振舞過ぎて碁始まり。僧の、俗にむかひ、「いざいざ寄つて<u>ごろじらう</u>」と申さるる。

(醒睡笑)

진수성찬이 끝나고 바둑이 시작되었다. 스님이 속인에게 “ 자 자 이리와서 보시게”라고 말씀하신다.

北八: モシ、病人を<u>御ろうじ</u>て下さりませ。

いしや: ほんにそふじやあつた。

(東海道中膝栗毛)

기타하치 : 만약 괜찮으시면 병자를 봐 주시지요

의원 : 내 그러지

ごらんなさる (ご覧なさる)

'보다'의 뜻의 존경어인데 연용형은 ごらんなすって, 명령형은 ごらんなさい로 사용되었다.

されば、私も風を引きましたほどに、脈を<u>御覧なされ</u>、お薬を下されませい。

(元禄期 軽口本集)

그럼 저도 감기에 걸렸으니 맥을 짚어봐 주시고 약을 주시지요.

<u>サア御覧なさ</u>るまし

(春色英対暖語)

자 보아주십시오.

▶ **す의 존경어**

'하다'의 뜻의 す의 존경어로 사용된 것 중에 경의가 높은 것은 あそば
す, なさる, さしゃる·さっしゃる, めさる의 예가 보인다.

あそばす (4단)

오랫동안 '하다'의 뜻의 존경어로 사용된 あそばす는 근세에도 경의도
가 높은 존경어의 동사로 사용되었다.

住持うろたへ、女に大釜かづけかくしけるを、旦那「何あそばします」

といへば、   (輕口御前男)

주지가 당황하여 여자에게 큰 솥을 짊어지게 하여 감추는 것을 보고, 시
주가 '무엇을 하시고 계십니까?'라고 하니

おあぶなうございますヨ。お静に遊しまし   (浮世風呂)

위험하십니다. 조심해서 돌아가세요.

なさる

중세에 나타난 なさる는 근세에는 높은 경의의 존경어로 사용된다. 하2
단동사이었던 なさるる는 근세에 들어서는 하2단의 활용과 4단동사의 활
용이 공존하게 되며 결국은 현대어와 같은 4단동사가 된다.

うらやましや。其方へ自剃りをなさるる。   (遊小僧)

부럽군. 당신은 스스로 삭발을 하시는군요.

出雲は仲人の神、鏡の宮は娘の顔をうつくしうなさるゝ神、   (世間胸算用)

이즈모는 중매의 신, 가가미 궁은 아가씨들 얼굴을 아름답게 해 주시는 신

めさる

근세에는 존경어 めす에 존경의 조동사 る가 결합된 형태로 する의 존경어로 쓰였다. 보통 무사나 그에 준하는 사람들이 사용하였으며 일반인은 거리감을 느낄 때 사용하기도 하였다고 한다.

親方の子を我が子として守立てし甲斐有って。其方は自分の獨稼も召さるゝ。

(女殺油地獄)

주인의 애를 내 자식으로 돌보아 키운 보람이 있어서 당신은 자기 돈벌이도 하는군.

さしゃる・さっしゃる

さっしゃる는 근세전기에 사용된 존경어로서 さしゃる와 같이 사용되었다. 경의는 높지 않다. '하다'의 뜻의 す+ 존경조동사 さす+존경조동사 る의 구성으로 이루어진 존경어 せさせらる가 변화하여 さしゃる가 되었으며 さしゃる에 촉음이 삽입되어 さっしゃる가 된 것으로 본다.

これきそんなにしやれずと、はやく、持て來やな。　　　　　　　(遊士方言)

이거 그러지 마시고 빨리 가져 와요.

何にしろ、だんなが歸らしやつたら、ゑるやうにさつしやろ。(中略)かならずさつじゃるな。　　　　　　　　　　　　　　　　　　　　　　　(遊士方言)

어쨌든 주인이 돌아오거든 좋을 대로 하세요. ……절대 하지 마세요.

(さ)せらる・(さ)せられる

중고에는 존경의 조동사 す・さす에 존경 보조동사 たまふ おはす가 접속하여 2중경어의 형태를 이루며 (さ)せたまふ는 최고의 존경 표현으로 자리 잡았다. 그러나 중세에는 존경의 조동사 す・さす에 존경의 조동사 る・らる가 접속하여 (さ)せらる라는 2중경어가 탄생한다. 중세에 생긴 2중경어 せられる、させらる는 높은 경의를 나타내는 본동사와 보조동사 양면으로 사용되었다.

> 此家次第におとろへ、天命をしる年になりて、平生の不養生にて頓死を<u>せられ</u>ける。 (日本永代蔵)

이 집안은 점차 쇄락해서 지천명의 나이(50)이 되어서 평소에 몸을 돌보지 않음으로 급사를 하셨다.

> 其方は學文よく<u>させられ</u>たさうな。しかも療治もよく召さるゝと見えた。 (浮世物語)

당신은 학문을 많이 닦으셨다지요. 더구나 치료도 잘 하시는 것 같습니다.

▶ 着る의 존경어

'입다'의 뜻의 着る의 존경어로는 예전부터 사용되던 めす(召す)와 존경의 조동사 る를 첨가한 めさる가 사용되고 있다.

めす・めさる (**현대어**: お召しになる)

> まだこの寒いのに着類もたった一ツ着てからに (春色恵の花)

아직 이렇게 추운데 옷도 딱 하나 입으셨으니

> お供に參る文太左。縮緬の羽織着<u>めされ</u>うやうがおりない。 (心中宵庚申)

함께 온 분타님. 지리멘 겉옷을 입지 않으셨다.

▶ 乗る의 존경어

'타다'의 뜻의 乗る의 존경어로 めさる お召しなさる의 사용예가 보인다.

めさる (召さる) (현대어: お乗りになる)

かの大名件の馬に<u>召され</u>しに、馬の漢も殊の外に鈍く、沛艾躍る勢も無し。

(浮世物語)

그 다이묘가 예의 그 말을 타셨는데 말의 기개도 이상하게 둔하고, 말의 몸부림치는 기백도 없다.

ハイよう<u>お召</u>なさりませ。客は船にのり、歸る。　　　(辰巳之園)

자 조심해서 타시지요. 손님은 배를 타고 돌아갔다.

▶ くふ (食ふ)・のむ (飲む)의 존경어

'먹다・마시다'의 뜻의 존경어로 사용된 것은 종류가 많다. 중세부터 사용되고 있던 聞し召す, 召し上がる, 召す, あがる, まゐる의 예도 보인다.

きこしめす (聞こし召す) (현대어: 召し上がる)

織田の信長公、時々興に團子を<u>きこしめす</u>。　　　(きのふはけふの物語)

오다 노부나가님은 가끔 흥이 날 때 경단을 드신다.

井筒屋の名水をひいやりと<u>聞こし召せ</u>　　　(好色万金丹)

이즈쓰야 가게의 명수를 시원하게 드셔보세요.

めしあがる (召し上がる)

술을 '마시다'의 존경어로 사용된 예가 보인다. めしあがる에 존경 조동
사 る를 부가하여 2중경어를 만든 めしあがらる의 예도 보인다.

ひとつめしあがりませ　　　　　　　　　　　　　　　　　(恵比良濃梅)

하나 드시지요.

女郎やの若ゐ者: 旦那一ツ召上られませ。

客: さあ＋＋座が〆ッて面白くないではないか。　　　　　　(遊子方言)

기루의 젊은 사람: 나리, 한잔 드시지요

손님: 흥이 깨져서 재미없지 않느냐

めす (召す) (현대어: 召し上がる)

一人の女房「うぐひす茱召世 召世」と言うて売れば、　　　(醒睡笑)

한 아낙네가 "봄나물 드세요, 드셔보세요"라며 파는데

あがる

何ぞ御馳走いたしたひが、天帝様は何をあがるものか、勝手がしれませぬ

　　　　　　　　　　　　　　　　　　　　　　　　　(世上洒落見絵図)

뭔가 대접해드리고 싶은데 천제님께서는 무엇을 드실지 사정을 모르겠네요.

馬士: ハアだんなはあがらずとも、ハイ、どふぞ、いたゞきたふおざります」

　　　　　　　　　　　　　　　　　　　　　　　　　(東海道中膝栗毛)

마부: 주인나리께서 안 드시면 네 그럼 제가 먹겠습니다.

まゐる (**현대어** : 召し上がる)

‘먹다’의 뜻의 존경어로서 사용된 まゐる의 예는 경의가 낮다. 그런 점을 보충하기 위해서 おまゐる가 사용된 예가 보인다.

食を過ごす人に向ひ、余り飯を多く<u>まゐる</u>が笑止なよ。臨時に米のいることなれば、第一損なり。　　　　　　　　　　　　　　　　　　　　　　　　　(醒睡笑)

밥을 많이 담아내는 사람을 향해 “많이 먹는 것을 비웃지 마시게. 이따금 쌀이 들어오니 먹을 때 먹지 않으면 가장 큰 손해네”

爰は建場にて兩側の茶屋女「おちやア<u>まいる</u>ハア。一ぜんめしよヲ<u>まいる</u>ハア。お休なさいまアし」　　　　　　　　　　　　　　　　　　　　(東海道膝栗毛)

여기는 역참의 양쪽 찻집 여자 “ 차 한 잔 하시고 가세요. 밥 한 그릇 드시고 가세요. 쉬었다 가세요.”

酢をおほく吸へば皺がよる。大毒なり。かまへて酢を<u>おまゐる</u>な。　　　(醒睡笑)

식초를 많이 먹으면 주름이 지지. 큰 독이야. 식초를 먹지 말아라.

▶ **しる (知る)의 존경어**

しろしめす (**현대어** : ご存じだ)

상고부터 ‘다스리다’ 등의 뜻의 존경어로 사용된 しろしめす는 근세에는 주로 ‘알다’의 뜻인 知る의 존경어로 사용되었다.

既にその誠心を、<u>しろし召</u>れてかくまでに、いとをしみおぼす事、なき魂もさぞ本意ならめ。　　　　　　　　　　　　　　　　　　　　　　　(椿説弓張月)

이미 그 진심을 아시고 이렇게까지 아껴주시니 죽은 혼도 감탄할 일입니다.

しかれども、聖人の大經・大法、その詳なる事を<u>しろしめされ</u>んには、五經の
書を兼學ばせ給ふべき歟。　　　　　　　　　　　　　　　　　（折たく柴の記）

그렇지만 성인의 경전, 법구, 그 상세한 것을 모르시면 오경을 겸학하셔
야 합니다.

▶ **ねる (寝る)의 존경어**

げしなる(御寝なる)와 およる의 예가 보이며, 그 외에 근세에 들어서 おや
すみ의 예가 보인다. おやすみなさる의 예는 '쉬다'의 뜻의 동사 やすむ의
위아래에 부가되어 '쉬다'의 뜻의 존경어로 쓰인 예가 대부분이지만 '주무
시다'의 뜻으로 쓰인 것도 보이기 시작한다.

げしなる (**현대어**: お休みになる)

アイヨハツ過に<u>御寝</u>なった　　　　　　　　　　　　　　　　（浮世床）
예, 밤 2시 지나서 주무셨습니다.

お中・お松、梅大夫・口揃て、ちと<u>げしな</u>りませ。五郎兵衛始、客はみな床
へ行。　　　　　　　　　　　　　　　　　　　　　　　　　（辰巳之園）
시중드는 오나카, 오마츠, 우메다유 모두 한 목소리로 좀 주무시죠. 고로
베 랑 손님은 모두 자리에 드세요.

およる (**현대어**: お休みになる)

こつちへ寄て<u>およつ</u>ておくんねんし　　　　　　　　　　　　（南閨雑話）
여기 들려서 눈 좀 붙이세요.

おやすみなさる

川さん、<u>をやすみ</u>　　　　　　　　　　　　　　　　　　　　　　（粋町甲闈）

가와상, 잘 자요.

イヤもふ旅の事でおざりますから、おたがひにお気をつけて、御用心なさるがよ
い。ごぜさまもふ<u>お休なされ</u>　　　　　　　　　　　　　　　（東海道中膝栗毛）

아니 뭐 여행중이시니 서로 주의하고 조심하시는 것이 좋아요. 고제님 이
제 주무시죠.

*ごぜさま: 사미센을 켜면서 유랑하며 민요, 가요 등을 부르며 다니는 맹인 여
류예능인.

▶ **おく (起く)의 존경어**

おひんなる (**현대어**: お起きになる)

おひなる라고도 하는데 おひる(昼)になる, おひるなる의 음변화가 일어난
것으로 '기상하다', '잠을 깨다'의 존경어이다.

旦那様、モウ<u>おひんなりませ</u>　　　　　　　　　　　　　　（野路の多和言）

주인님 이제 일어나시죠.

▶ **くれる의 존경어**

'주다'의 뜻의 존경어로 상고부터 중세까지 쓰이던 たまふ의 종류는 쇠
퇴하며 くださる가 본동사와 보조동사의 양쪽으로 사용되고 있다.

くださる

くださる는 동사 くだす(下す)에 존경의 조동사 る가 접속하여 존경어로 사

용하게 된 것이다. 그러므로 하2단활용을 해야 하는데 하2단활용과 4단
활용의 두가지 형태로 사용되었다. 근세후기에도 양쪽의 예가 다 보이지
만 명령형인 くだされ의 れ(re)가 い(i)음으로 전환하게 된다.

右の金子は久兵衛へ下さるるとの御上意じゃ　　　　　　　　　　（八百屋お七）
그 돈은 히사베에게 주시라는 명령이시네.

ちとおまちなされてくだされませ　　　　　　　　　　　　　　　（遊士方言）
좀 기다려 주세요.

長芋をください　　　　　　　　　　　　　　　　　　　　　　　（詞葉の花）
마를 주세요.

川こし：「～おふたりで八百下さいませ」
弥二：「とほうもねへ。越後新潟じやアあんめへし、八百よこせもすさまじい」
川こし：すんだらいくら下さるヤア　　　　　　　　　　　　　（東海道中膝栗毛）
월천꾼 : 두 분이서 팔백 주시지요
야지 : 터무니없군. 에치고 니이가타도 아니고. 팔백이나 내라니 무섭군.
월척꾼 : 그럼 얼마 주시겠습니까?

たもる (**현대어**: くださる)

근세에는 たまふ는 보조동사로만 사용되고 たもる가 '주다'의 뜻의 존경
어로 사용되는데 명령형 たもれ는 たも의 형태로도 사용되었다.

おばゝ茶1ツたもらぬか　　　　　　　　　　　　　　　　　　　（多荷論）
할멈 차 하나 주지 않겠는가.

あの子ヤ、茶1ッたも　　　　　　　　　　　　　　　　　　（郭中奇談）

저기, 차 하나 주시오.

▶ **まねく (招く)의 존경어**

'사람을 가까이 부르다'의 뜻의 존경어로는 상고시대부터 召す가 사용
되었은데 근세에까지 사용되고 있다.

めす(召す) (현대어: お呼び寄せになる)

おごうさま、お乳の人を召して、なふ乳母、きかしめ。

　　　　　　　　　　　　　　　　　　　　　　（きのふはけふの物語）

따님이 유모를 부르셔서, "유모, 들으세요."

終に保元の兵乱に及びて、新院わりなくも爲義を召す。　　　（椿説弓張月）

결국 호겐의 난이 일어나자 상왕께서 어쩔 수 없이 다메요시를 부르시다.

▶ **いる・ある, いく (行く)・くる (来る)**

존재를 나타내는 '있다'의 뜻의 동사와 '가다' '오다'의 뜻의 동사의 존경
어는 같은 어형이 사용되어 왔다. 근세전기에는 종래부터 사용되었던 お
はす, わせる와 중세 말에 나타난 ござる, おぢゃる, おりゃる 등이 보인다. 또
한 근세에 새로 등장하여 현대어의 존경어 동사로 자리잡은 いらっしゃる의
예가 보인다.

おはす (현대어: いらっしゃる・おいでになる・おありになる)

근세 전기에 사용된 예들이 보이는데 이동을 나타내는 동사의 존경어
보다는 존재를 나타내는 '있다'의 존경어로 사용된 예가 많다.

ここもとに砂糖売障子子屋が子、兄の三朗兵衛は<u>おわせ</u>ぬか。　　　　(鹿の巻筆)

여기에 장지문 가게 집 아들로 설탕 파는 형 사부로베는 안계신가.

御心におぼしめす事もやお<u>は</u>しますか。　　　　(鹿の巻筆)

속으로 생각하시는 일이라도 있으십니까?

わせる

중세에 이미 おはす의 음변화로 생긴 동사로서 근세에는 극히 가벼운
존경어로 사용되고 있다.

物買に二三度<u>わせ</u>たよめのおや　　　　(柳多溜)

물건 사러 두세 번 오셨던 새댁의 모친

今日はなぜに<u>わせ</u>ぬぞい。　　　　(源平布引滝)

오늘은 어째서 안오시는가.

ござる (**현대어**: いらっしゃる・おいでになる・おありになる)

ござる는 존재를 나타내는 '있다'와 '가다' '오다'의 존경어로 생겨난 것이
다. 후에 존경어의 용법은 약화되어 완전히 정중어로 바뀌게 되지만 근세
초기에는 아직 존경어로서의 용법이 보이고 있다. 한편 경의의 약화로 정
중어2 의 まする와 결합된 형태로 사용되기도 하였다. 또한, 여러 가지 유
형의 존경어동사를 탄생시키지만 그 사용은 쇠퇴하여 활발하지 못하다.

吉三様に逢いましてこゝに<u>ござれ</u>と教へたる。　　　　(八百屋お七)

기치조님을 만나서 여기로 오시라고 가르쳐드렸다.

いふにいはれぬ舞台子風に、あいてのおいらんよっぽどござつたようすにて

（福神粹語録）

말로 형용할 수 없을 정도로 멋진 소년배우의 풍치에 상대 오이란은 완전
히 반한 모습으로

かたさまは何として爰に御ざります　　　　　　　　　　　（好色一代男）

당신은 어째서 여기에 계십니까?

幸右「ござりませうか。」　　官藏「大橋、待て。」　　　（幼稚子敵討）

幸右　가실까요?　　　　　　官藏　오하시, 기다리거라.

ござりんす

ござる의 연용형에 조동사 んず(むず)가 결합되어 생긴 것으로 본다. ご
ざります에서 성립된 유리어(遊里語)라고 한다.

これからすぐに曾根崎へ、かなわぬ用とてござりんした。　　（女殺油地獄）

지금부터 빨리 소네자키에, 피치못할 일이십니다.

おぢゃる

'있다', '가다, 오다'의 존경어로 중세말기에 사용되었는데 근세초기에두
남성들의 무사 용어로서 예가 보인다. 또한 명령형의 형태도 おじゃれ, お
ぢゃい 등으로 나타난다.

コレあの子、酒でも持ておじゃレ　　　　　　　　　　　　（南閨雑話）

지금 저 아이 술이라도 갖고 계신가.

お千世泣かずと爰へおぢゃいの。まだおれが怖いか。　　　　　（心中宵庚申）

오치요 울지 말고 이리 와요. 내가 아직도 무서운가?

おりゃる・おりない

おりゃる는 근세에도 おぢゃる와 마찬가지로 사용되고 있으나 경의는 낮다. 부정은 おりない이다.

太郎冠者：私はもうこう参りまする。

賣手：はやおりゃるか。　　　　　　　　　　　　　　（狂言　末広がり）

다로시종 : 나는 이제 이렇게 하고 가겠습니다.

우산 장수 : 빨리 가시게.

さる檀那まいり、「一目拝み申たい」とて所望する。坊主きゝて、それは師匠の時こそ。今はおりない。　　　　　　　　　　（きのふはけふの物語）

한 시주가 와서 한번 보고 싶다고 청한다. 승려가 듣고 "그건 어른 스님 계실 때여야 합니다. 지금은 안 계십니다"

いらっしゃる

현대어와 같은 존경어인 いらっしゃる가 '오다, 가다'의 존경어로 사용되었다. 4단동사로서 ます 앞에서는 り가 い로 변하는 형태도 이미 보인다.

さやうなら旦那、お近い内に御見物にいらっしゃりませ。　　（お染久松色読販）

그러면 주인어른, 일간 구경 오시지요.

關さんよくいらつしゃいましたね。　　　　　　　　　　（春色辰巳園）

세키님 잘 오셨네요.

おまアいらしやいませぬか。わしどもは……、はやくかへりたい。

（東海道中膝栗毛）

당신께선 안 가십니까? 우리들은 …… 빨리 돌아가고 싶어요.

2) 부가형식의 존경어

▶ ～である, ～ている(ある)의 존경어

～である, ～ている(ある)의 존경어로는 현대어와 마찬가지의 いらっしゃる를 보조동사로 사용하는 용법이 보인다.

～でいらっしゃる

平常はお温順しい若旦那様でいらっしゃいますから　　　　（春色連理梅）

평소에는 온순한 젊은 주인이시니까.

～ていらっしゃる

どうして知っていらっしゃるへ　　　　　　　　　　　（春色恵の花）

어떻게 알고 계셨어요.

▶ ～てくれる의 존경어

중고, 중세를 거치며 사용되던 '해 주시다'의 뜻의 존경 보조동사로 사용된 たまふ의 부류로 ～たまふ・～(て)たぶ・～てたまはる・～てたもる를 근세에도 볼 수 있지만 문장체에서 사용되는 경향을 보인다. 한편 회화체에서는 たまふ를 대신하여 くださる가 보조동사로 사용되게 되어 현대어에 이어지게 된다. ～てくださる(る)・御ーくださる(る)・～てくださんす・～てくだんす의 형태들이 보인다.

〜たまふ・〜てたまはる・〜てたもる

これまづ縄を解かせ給へ。　　　　　　　　　　　　　　　　　　（近松歌舞伎狂言集）

우선 이 밧줄을 풀어 주세요.

も一つ飲んでゆき給わぬか　　　　　　　　　　　　　　　　　　　　（南閨雑話）

한잔 더 마시고 가지 않으시겠어요.

娘は氣に入らずとも我を不便と面倒見て。必ず去って給はるな。

　　　　　　　　　　　　　　　　　　　　　　　　　　　　　　　　（心中宵庚申）

딸은 내키지 않아도 나를 불편하다고 돌봐 주지요. 꼭 가지 말아 주세요.

其方これに居てたも。　　　　　　　　　　　　　　　　　　　　（近松歌舞伎狂言集）

당신 여기에 계세요.

〜てくださる(る)・御一くださる(る)・〜てくださんす・〜てくだんす

くださるが 보조동사로 쓰일 때에 ますを 동반하는 등 여러 가지 형태가 보인다. 특히 근세의 전기에는 くださりの 형태가 보이는데 후기에는 ください(ます)의 형태로 현대어와 같은 음편형에 ますが 붙은 형태가 보인다. 또한 존경접두어와 같이 쓰인 御〜くださるの 형태도 보인다. 그 외에 くださんす, くだんす 등 여러 형태도 보인다.

暫くお止りなされて下されませ　　　　　　　　　　　　　　　　（元禄歌舞伎傑作集）

한참 묵어 주시지요.

モシどふぞ、こつちからおめへひつぱつて下さいませ。わしがあつちへまわつ

て、あしをひきずり出しますから　　　　　　　　　　　　　　　　　（東海道中膝栗毛）

여보세요, 저, 이쪽에서 당신이 당겨 주세요. 내가 저쪽으로 돌아가서 다리를 끄집어낼테니까.

酒が御氣に入ったらば。一つあがって下さんせ……　　　　　　　　（堀川波鼓）

술이 마음에 드시면 한잔 드시지요라고

サアサア　旦那、又おりてくだんせ　　　　　　　　　　　　　　　（東海道中膝栗毛）

자, 자, 주인장 또 내리시죠.

▶ ~する의 존경어

御ーあそばす

경의가 높은 '하다'의 뜻의 존경어 あそばす가 존경접두어 御와 같이 보조동사로도 사용되고 있다. 수준 높은 경의를 나타내는데 특히 お~あそばします는 경의가 높다.

よふおこし遊ばしました。まだいかふ暑さにござりますなア。　　　（色深狭睡夢）

잘 오셨습니다. 아직 무척 덥군요.

マア、すこしお待遊ばせ。おまへさんにはチトおあつうございませう。

（浮世風呂）

저, 잠시 기다리세요. 당신께는 좀 (목욕물이) 뜨겁습니다.

~さっしゃる

근세전기에 사용된 존경어 さしゃる에 촉음이 삽입된 さっしゃる는 보조동사로도 사용되었다. 경의는 높지 않다.

万事を差置き今日の中三貫目調へて渡<u>さっしゃれ</u>。　　　　　　（女殺油地獄）

만사 제쳐 놓고 오늘 중으로 세 관을 확인해서 보내십시오.

うたを、ならうげなが、同じ事なら、うたはよ<u>さっしゃい</u>。　　　　（遊士方言）

노래를 배운 것 같긴 한데 이왕이면 노래는 그만둡시다.

(御)~めさる(る)

주로 무사급 사람들이 사용하던 보조동사로 사용되며 御~めさる의 경우는 御~あおばす보다는 경의도가 낮지만 아주 가볍지는 않다고 한다.

何事ももの疑ひ<u>めさる</u>るな。　　　　　　　　　　　　　　　（醒睡笑）

뭐든지 의심하지 마시오.

是是町人町人、<u>お待ちめされ</u>。　　　　　　　　　　　　（武士多賀大膳）

어이 조닌, 조닌, 기다리시오.

(御)~なさる(る)

'하다'의 뜻의 존경어 なさる는 근세에 높은 경의도를 나타냈지만 근세를 통해서 일반화되어 갔다. 또한 お~なさります와 같이 접두어 お와 청자경어 ます와 같이 사용될 때에는 더 높은 경의를 나타내게 된다.

さて ~ 能う負<u>なさった</u>ナア　　　　　　　　　　　　　　（浮世風呂）

자 ~ 잘 지셨네.

ハイお<u>よびなさりました</u>か　　　　　　　　　　　　（東海道中膝栗毛）

네, 부르셨습니까?

~なんす・~なます

なんすは する의 존경어로서 근세의 유리어이다. する의 존경어 なさる에 ます가 접속한 なさります가 음변화한 なさんす가 더욱이 음변화한 것이다. 또한, なます도 なさります가 축약된 것이다.

是ハ是ハよい所へ来てくれなんした　　　　　　　　　　　　　　　　(聖遊廓)

아니 이거 좋을 때 오셨습니다.

それに今おかへりなますはなんのこつちやいな。　　　　　　　　(東海道中膝栗毛)

거기다 지금 돌아오시는 건 무슨 일이죠.

▶ (御)~ある, (御)~やる

중세 후기의 경어의 특징이라고 할 수 있는 존경 보조동사 ある는 근세에도 ~ある・(御)~ある의 형태로 사용되었다. 또 ~やる・(御)~やる의 형태도 사용되지만 그 어느 것도 경의는 저하되었다.

この御子息はいくつにてありや。　　　　　　　　　　　　　　　(醒睡笑)

이 아드님은 몇 살이십니까?

モシ負ても何れも方、必ず共にお笑ひ有るな。　　　　　　　　(小袖曽我薊色)

만일 지더라도 어느 쪽도 꼭 같이 웃으세요.

金子返納の節は、早早返さうという返手形をしておくりやれ。

　　　　　　　　　　　　　　　　　　　　　　　　　　　　　(近松歌舞伎狂言集)

돈을 갚을 때는 서둘러서 갚는다고 하는 증거문서를 만들어 주시지요.

もしあの方で問はるる事が有らう。その時德姫はお死にやつたと言へ。

(近松歌舞伎狂言集)

아마 그 일로 물어보게 될 거야. 그 때는 도쿠히메는 돌아가셨다고 하거라.

▶ 〜(さ)せらる・〜(さ)せられる

존경의 조동사 す・さす에 존경의 らる가 접속하여 형성된 せらる・させらる는 2중경어의 형태로서 높은 경의의 존경어로 사용되었는데 역시 경의가 높은 보조동사로도 사용되었다.

「われは世界の商人が心ざしの酒と掛鯛にて、口を直して出雲の國へ帰らせ給へ」と、馳走して留させられしを、十日ゑびすの朝とく參詣したる人、内陣のおものがたりを聞て帰りける。

(世間胸算用)

나는 세상의 상인들이 드린 술과 도미로 입을 가시고 이즈모 지방으로 돌아가소서."라고 올리며 머무시도록 하는 것을 10일 아침에 에비스 신에게 참례하는 사람이 본전에서 이야기를 듣고 돌아갔다.

奥さまは朝湯殿に入らせられ、しばらくあつて自をこふかき納戸にめさせられ、

(好色一代女)

마님께서는 아침에 목욕하시고, 얼마 있다가 홀로 어두운 남빛 옷을 입으시고

▶ 〜(さ)しゃる(る)・〜さっしゃる(る)

する의 존경어인 さしゃる와 さっしゃる는 근세의 가부키, 조루리 등에서 보조동사로도 사용되었다. 경의는 높지 않다.

こなさん定めてお二人の子たちのことが氣にかゝろ。アレひょんなこといひ出して

又泣か<u>しゃる</u>。　　　　　　　　　　　　　　　　　　　（心中天の網島）

이분이 꼭 두 아이가 마음에 걸리는지. 저 봐 이상한 말 하더니 다시 또
우시네.

お千世殿幾度でも去られ<u>さっしゃれ</u>。　　　　　　　　　　　（心中宵庚申）

오치요님 몇 번이든 떠나가시게나.

▶　～(さ)しゃんす・～(さ)んす・～やんす

(さ)しゃります・やしゃります → (さ)しゃんす・やしゃんす → (さ)んす・やんす
로 전이되며 교토어에서 사용되어 교토어의 특징으로 본다. さしゃる보다
늦게 사용되기 시작한 やしゃる・やんす가 다용되는데 이 종류들은 유리
어와 관련이 있다고 하여 여성어로 간주하기도 한다.

こなさんそれで死な<u>しゃんす</u>か。所を隔て死ぬれば側にゐるも少しの間。

　　　　　　　　　　　　　　　　　　　　　　　　　　（心中天の網島）

당신은 그래서 죽으시겠다는 겁니까? 서로 다른 곳에서 죽는 거라면 곁에
있는 것도 잠시 동안이네요.

時に市兵衛殿、こなたも重たかろう。何さんせ。……葛籠ばかり持つて<u>戻らん</u>
<u>せ</u>……ゆるりと居て<u>下ん</u>せ。　　　　　　　　　　（偶田川続俤、天明）

그런데 이치베님, 당신도 무거우셨지요. 어떻게 하시겠습니까? 옷 고리짝
만 가지고 돌아가세요. 평안히 계세요.

むな、あの文も見や<u>しやんせん</u>の。よう御<u>座ん</u>す。心の中の事を申しましょ。

　　　　　　　　　　　　　　　　　　　　　　　　　　（好色伝授、元禄）

음 그 편지 안 보셨나요. 괜찮아요. 심중의 것을 말씀드리지요.

〈んす : 유리어(遊里語, 구루와고토바廓詞)〉

일본의 에도시대의 유곽에는 당대의 한량들이 드나들며 사회적으로 높은 층과의 문화가 섞이는 독특한 문화를 형성하였다. 특히 유녀들의 언어사용은 일반과 다른 특이한 현상을 보이게 된다. 그러한 언어양상 중의 하나가 んす의 종류들(ござんす, あんす, なんす 등)이다. んす는 대화를 끝내기 전에 흔히 끼어들기 쉬운 발음 ん을 넣어 형성된 것이라고 보는 의견이 있다. 한편 근세 전기에는 유녀들이 쓰던 말이었으나 근세 후기에는 남성들이 쓰는 어형이 되기도 하였다. 또한 근세의 유리어는 현대어에도 영향을 끼치게 된다. (んす→ます로 전부 대체되면서 でありんす→であります와 같이 되어 후에 남게 되는 것 등)

▶ (ら)る · (ら)るる

보통형의 동사를 존경어형식으로 만들어 주는 조동사 る · らる는 근세에는 널리 쓰이게 된다. 경의는 높지 않다고 알려져 있다.

八郎左衛門殿のいはるるのは。まづ何かたへなり共。　　　　　(三階蔵)

하치로자에몬님이 말씀하시기를 우선 어디로든 향하게 되더라도.

銭三十程つゝんで懐へ入れらるる、……サアいね〜と突出さるる。

　　　　　　　　　　　　　　　　　　　　　　　　　　　(生玉心中)

돈 삼십 정도를 싸서 품에 넣으시고, '자 얼른 가' 하고는 밀어내셨다.

▶ (御)〜になる

현대어의 존경표현의 주역인 お〜になる는 근세에 그 발생을 보며 근세 말기에 일반화된다.

それでも、かいしきお見捨てにならないのが、観音様のお蔭だ。

(人間万事虚誕計)

그래도 완전히 버려두시지 않는 것은 관음보살님의 은덕이다.

此度仰せつかはされたのが、御出来まで御用ひになりまするやうに申付度ござり
ます
(春色三題噺)

이번에 분부하신 것은 종기까지 사용하시도록 아뢰고자 합니다.

▶ **(御)ーぢゃ・(御)ーだ**

현대어에서 お~です의 존경어형식은 있으나 お~だ(ぢゃ)는 근세후기
어의 특징이라 하겠다. 또한 뒤의 だ를 생략한 채로 사용되는 경우도 이
부류의 존경어형식의 하나로 본다.

小春様はお泊ぢゃ。駕篭の衆すぐに休ましゃれ。　　　　(心中天の網島)
고하루님은 머무신다네. 가마꾼들은 이제 쉬시게.

をとなしくしてお出。今にも美い婦さんがお出だよ。　　　　(浮世床)
얌전히 있거라. 이제 곧 어여쁜 누님이 나오실 거야.

サア～お玉は衣をお脱ぎならへおよこし。ソルお転でないよ。　　　　(浮世風呂)
자 오타마는 옷을 벗어 이리 다오. 거기 넘어지지 말거라.

(御)ーでござり(い)ます

ござる는 이미 정중어의 용법이 보이나 ござります와 같이 청자경어 ます
가 붙어서 정중한 느낌이 강해졌다. 여기서는 높여야 할 인물을 나타내는
말에 보조동사로 사용되는 경우는 존경어의 용법으로 보아 예를 들었다.

あなたがたは、お泊でございますか　　　　　　　　　　（東海道中膝栗毛）

당신들은 묵으실 겁니까?

2. 겸양어

1) 특정어형의 겸양어

▶ いふ (言ふ)의 겸양어

'말하다'의 뜻의 겸양어로는 현대어와 마찬가지로 경의가 높은 申し上ぐる와 정중어화가 진행되는 중에도 겸양어의 용법으로 쓰인 申す가 있다.

まうしあぐる (申し上ぐる)

前によみつる詞を公に申(し)上(げ)よ。　　　　　　　（雨月物語）

아까 읊은 노래를 귀인께 읊어드려라.

申し上ぐるも難儀に存じますれども、御訴訟申し上げまする。

　　　　　　　　　　　　　　　　　　　　　　　（近松歌舞伎傑作集）

아뢰는 것도 괴롭사옵니다만, 탄원서를 올리겠습니다.

まうす (申す)

君はその隙に船に召れ、……八郎嶋へ御退あれかし。」と申しも果ぬに、

　　　　　　　　　　　　　　　　　　　　　　　　（椿説弓張月）

주군께서는 그 사이에 배에 오르시고 ……하치로섬에 가 계시지요.” 라고

아뢰기도 끝나기 전에

▶ おもふ (思ふ), しる (知る)**의 겸양어**

한문체의 세계에서 생긴 단어인 存ずる가 '생각하다, 알다'의 뜻의 겸양어로서 사용되고 있다. 그러나 存ずる는 겸양어로서의 경의도가 저하되고, 단지 문장을 정중하게 하는 정중어의 용법이 많아지고 있다.

ぞんずる (存ずる)

どちらでござりますか、私は存ませぬ。　　　　　　　　　　　(お染久松色読販)

누구신지요, 나는 모릅니다.

あまり不憫存ずる。私に下され。尼に致しませう。　　　(近松歌舞伎傑作集)

너무 불쌍합니다. 저한테 주시죠. 비구니로 만들지요.

▶ みる (見る)**의 겸양어**

'보다'의 뜻의 겸양어로는 拝見す(る)가 사용되었다.

はいけんする (拝見する)

おやまも客も金かく寺拝見する気で、あちらを見、こちらを覗キあるけバ、

　　　　　　　　　　　　　　　　　　　　　　　　　　　　(春帖咄)

오야마도 손님도 금각사를 참배하는 기분으로 여기저기를 보고 돌아다니니.

くれも御ひきやうなる御事なく、大勢の中にてつねの御はつめいを拝見いたし申(し)度候。　　　　　　　　　　　　　　　　　　　　　　　(春色辰巳園)

무엇도 끄는 것 없이 많은 것 중에서 보통의 총명함을 보기를 원합니다.

▶ あふ (会ふ)의 **겸양어**

お目にかかる

'만나다'의 뜻의 あふ의 겸양어로는 おめにかかる가 사용되고 있다.

> なかなか、お目にかかつてお言伝が御座ある　　　　　　　　　（醒睡笑）
>
> 꼭 좀 만나 뵙고 전해드릴 말씀이 있다.

> はてさて、久しうお目にかかりませぬ。いよいよ御無事、一段に存ずる。
>
> 　　　　　　　　　　　　　　　　　　　　　　　　　　（輕口本集）
>
> 거 참 오랫동안 뵙지 못했습니다. 대단히 무탈하시리라 생각합니다.

▶ きく (聞く)의 **겸양어**

'듣다'와 '받아들이다'의 뜻의 겸양어는 うけたまはる가 사용되었다.

うけたまはる (承る)

> 其方の御子息ハ万事にきようのよし、うけたまはる。碁ハ何ほどの碁でござる。
>
> 　　　　　　　　　　　　　　　　　　　　　　　　　　（遊小僧）
>
> 그 댁 자제는 만사에 재주가 있다고 들었습니다. 바둑은 어느 정도이신지요.

> オオ怨あらば数馬にいへ。身は上意を承って殺すぞ。　（近松歌舞伎傑作集）
>
> 오 원한이 있다면 저 말들에게 말하라. 나는 주군의 명을 받들고 죽일 뿐이다.

▶ **する의 겸양어**

いたす (致す)

致す는 한문체의 세계에서 생긴 말로서 する의 겸양어로 사용되었다. 무사, 승려 등 준무사급의 사람들은 いたす만으로 사용하였지만 일반인은 いたします와 같이 ます와 결합한 형태를 사용하였다.

府中まで参れば、いかやうともいたしますが、それまでの所にこまります。

(東海道中膝栗毛)

후추까지 가면 거기부터는 어떻게든 하겠습니다만, 거기까지가 문제입니다.

新左「軍兵衛殿、其元の儀は、別けて弟子衆の内にも……
思ひ切て附入らっしゃる氣性ござれば、鎖鎌を進上致す。」　　(幼稚子敵討)
신사에몬: 군베님 당신의 뜻은 각별히 무술지망생들 중에서도 …… 결단코 해내겠다는 기백이 있으면 갈고리 무기를 드리겠다.

つかまつる (仕る)

'하다'의 뜻의 겸양어로서 つかまつる는 격식있는 장면에서 사용되었다.

又両人をよびてとふに、我我四六年も奉公つかまつります。ずいぶん不義はつかまつらぬ物を。六地に御意なされい。

(鹿の巻筆)

다시 두 사람을 불러 물으니 "우리들은 이십 사년이나 일하며 봉공하였습니다. 도저히 불의란 있을 수 없습니다. 여섯 지장보살에게 물어보시지요.

何やら多用でござりまして、御不沙汰仕ります。

(浮世風呂)

여러 가지 일이 많아서 격조했습니다.

▶ くふ (食ふ)・のむ (飲む)의 **겸양어**

たぶ (食ぶ)

하2단동사인 食ぶ는 '먹다, 마시다'의 뜻의 겸양어로서 사용되었다. 중세까지는 '먹다', '마시다'의 뜻의 겸양어의 용법으로 사용되었으나 근세에 들어서는 상대방에도 사용되는 정중어의 용법으로 용법이 확대되었다. 중고에는 4단동사 활용을 하였으나 근세에는 하2단동사가 된다.

北八：ハイけきほど、めしを三ぜん、汁を三ばい、<u>たべました</u>

いしや：そふであろ。平は大かた、一ツぱいじやあろ。　　（東海道中膝栗毛）

기타하치 : 네 오늘 아침엔 밥을 세 그릇, 국을 세 그릇 먹었습니다.

의원 : 그럼 그렇지, 보통 때는 대개 한 그릇 먹을 텐데

いただく

いただく는 본래 '머리 위에 받들다'는 동작을 나타내던 것이 '받다'의 뜻의 겸양어로 사용되게 되었다. 이후 중세에는 의미가 추상적이 되면서 '받다' 이외에 '먹다'의 동작의 겸양어로 사용되어 현대어에 이르고 있다.

娘は毒断で喰べませんから此身が二人前<u>いただかふ</u>。　　　　（箱根草）

딸은 독단으로 먹지 않으니 내가 2인분을 먹겠소.

馬士：ハアだんなはあがらずとも、ハイ、どふぞ、<u>いただきたふおざります</u>」

　　　　　　　　　　　　　　　　　　　　　　　　（東海道中膝栗毛）

마부 : "주인나리께서 안 드시면 네 그럼 제가 먹겠습니다.

경어의 경의 체감의 법칙

말의 경의도는 시간이 흐르면 낮아지게 된다. 낮아진 경의도의 어휘를 대신하여 새로운 경어형태가 나타나게 된다. たべる는 '받다' いただく는 '받들다'의 뜻의 겸양어로 시작하였다. たぶ는 '먹다, 마시다'의 겸양어로 전성되지만 근세에는 정중어로 기울게 된다. 한편, いただく도 근세에는 먹다, 마시다의 겸양어로 사용하게 되었다. 그 후 현대어에서 たべる가 경의가 저하하여 정중어에서 보통어로 되었고 정중어로는 いただく가 사용되고 있다.

くださる

くださる가 경어로 사용된 것은 오래된 일이지만 '먹다', '마시다'의 겸양어로 사용된 것은 근세의 일이다.

女房：「それはお寺よりおもたせのお茶」と断るにぞ、

亭主：いはん事なく、今一口二口のみ、「なかなかや、くださるる程よい」と

(醒睡笑)

아내："그건 절에서 가져온 차예요" 라고 하니,

남편：아무 말 않고 한 모금 두 모금 마시고는 "아주 좋군. 마실수록 좋아"

弥次：きさま酒をのむか

かご：ハイ、さけはすきで、一升ざけを下さります　　　　(東海道中膝栗毛)

야지：자네 술은 마시는가?

가마꾼：예, 술을 좋아해서 됫술을 마십니다.

▶ あたふ (与ふ)의 겸양어

근세에 사용된 '드리다' 의 뜻의 겸양어는 あぐる, さしあぐる가 사용되며

まゐらす, 進ずる, おますの 예도 있다. 한편 종래부터 사용되던 たてまつる의
사용례도 보인다.

さしあぐる (差し上ぐる)

後室：「一時も早ふ江戸表へ差上る用意致してよからふ。」

幸右：「畏ってござりまする。」   (幼稚子敵討)

미망인："한 시라도 빨리 에도에 보내드릴 것을 준비하는 게 좋을 것이다."

고스케："분부대로 하겠습니다."

侍：「～あたひななんぼじや」

北八：「ハイ三百ぐらゐにさしあげませふ」   (東海道中膝栗毛)

사무라이："가격이 어느 정도 하느냐"

기타하치："예, 삼백 정도로 해드리지요."

あぐる (上ぐる)

それ故お慰み物を上ぐるやうにと、奥様より仰付けを蒙り此台を仕りました。

                                                          (春仏)

그리하여 위안거리 삼을 책을 드리라는 마님의 분부를 받들어 이 책상을
드렸습니다.

ていしゆ：ハイ。先御ぜんをあげゝたつて行。」   (東海道中膝栗毛)

주인："예, 우선 진지를 차려드리고 가지요.

おます(る)

二人の衆にも酒<u>おませ</u>。　　　　　　　　　　　　　　（博多少女郎波枕）
두 분에게도 술을 드리시게.

此首御辺に<u>おます</u>るぞ、勲功解状に預られよ。　　　　（ひらがな盛衰記）
이 목을 그대에게 드리겠소. 훈공문서를 올릴만 하지요.

まゐらす

まつまつ御茶<u>まいらせ</u>よ、もみぢにたててまいらせよ。　　（きのふはけふの物語）
우선 차를 내지요. 아주 진하게 끓여서 내겠어요.

しんずる (進ずる)

金子を此方へ<u>進じ</u>ましたが、何と覚えがありますか。　　（近松歌舞伎傑作集）
돈을 이 분께 드렸습니다만, 어떻게 기억하십니까?

和尚御らんして、「どなたへも茶を<u>しんじ</u>ませい」と仰ける時に、　　（遊小僧）
고승께서 보시고 "모든 분들께 차를 내드려라"라고 분부하실 때

たてまつる (奉る)

舷に手をかけやうやうくに身を起し、…命は君に<u>たてまつり</u>ぬ。　　（椿説弓張月）
뱃전을 붙잡고 겨우 몸을 일으키며 제 목숨은 주군에게 바칩니다.

▶ いく (行く)・くる (来る)의 **겸양어**

'가다・오다'의 뜻의 겸양어로는 まゐる(参る), 参ずる, あがる, うかがふ가
보인다.

まゐる (参る)

北八：「サアおあがり。時におまへがたアどけへいきなさる」

びくに：「名ごやのほうへまいります」   (東海道中膝栗毛)

기타하치 : "자 여기 됐소. 그런데 당신들께선 어디 가시는 길이요?"

비구니 : "나고야 쪽으로 가는 길입니다"

世之介様へお暇乞に参ました。   (好色一代男)

요노스케님께 작별인사 드리러 왔습니다.

さんずる (参ずる)

今日はお寺詣に連れて参じますのさ。   (浮世風呂)

오늘은 절에 참배하러 데리고 가는 겁니다.

私どもゝ承てハおりますけれど、未参じません。どうぞ一度ハ見物いたしたいと
存ております。   (新話違なし)

우리도 듣고는 있었습니다만, 아직 가지 못했습니다. 부디 한번은 구경하
고 싶습니다.

あがる (上がる)

今宵の会に妾にも<u>上る</u>様にとある。幸ひ少将も御座るとあれば、禁裡へ<u>上り</u>少
将に会ひ、心のたけを申さう。　　　　　　　　　　　　　（近松歌舞伎傑作集）

오늘밤 연회에 후처도 오도록 하였다. 다행히 근위대 차관님도 오신다고
하니 거처로 가서 차관님을 만나 마음에 있는 것을 다 아뢰리라.

うかがふ (伺ふ)

うかがふ가 경어로 사용되기 시작한 것은 중세 이후라고 하는데 '방문
하다'의 뜻의 겸양어로 사용되는 것은 근세후기로 본다.

摩利支天様へ朝参りと出かけたから、ちょっと<u>伺ひ</u>やす　　　（毬唄三人娘）
아침 일찍 마리지천 수호신님께 참배하러 왔기에 잠시 들리겠습니다.

▶ いる・ある의 **겸양어**

いる의 겸양어

いる의 겸양어로 근세에서는 をり가 사용되었으며 さぶらふ와 はべり는 문
장체에 남아서 겸양어로 사용된 예가 보인다.

をる

ココココレ、ば番頭、居るか、ア、居るか、居ねへか
ばんとう：ハイ、爰に<u>居り</u>ます　　　　　　　　　　　　　　（浮世風呂）
자 여기 지배인 있는가. 아, 있는가, 없는가.
지배인 : 예, 여기 있습니다

さぶらふ (候ふ)

중세에서 중요한 겸양어로 사용되었던 さぶらふ는 회화체에서보다 문장체에 겸양어로 사용된 예가 보인다.

ある時、万阿彌、御前に跪きてさふらひしが、いつよち御気色快げなるを見奉り

(醒睡笑)

그 때, 만아미가 귀인 면전에 무릎 끓고 있었는데, 어느새 기색이 좋아지시는 것을 보고

はべり

중고부터 사용되며 겸양어 이외에 정중어로의 용법으로도 전성되지만 여전히 겸양어로 인정되는 예들이 보인다.

答へていはく、……白勝つときは菩薩勝ちぬと悦ぶ。打つに随ひて煩悩の黒を失ひ、忽ちに証果の身と成り侍るなり云々。

(醒睡笑)

답하여 말하기를, …… 흰돌이 이길 때는 보살께서 이겼다고 기뻐하고. 돌을 놓을 때마다 번뇌의 검은 돌을 잃어 금세 증과의 몸이 되었다고 하더이다." 운운.

2) 부가형식의 겸양어

동사의 연용형이나 て에 접속하여 그 동사의 행위를 받는 상대방을 높이는 겸양어(객체 존중)의 보조동사로 근세에 사용된 것은 다양하다. 우선 중세부터 사용되던 ～たてまつる, ～まらする의 부류가 있으며 ～あぐる, ～さしあぐる, ～申す, ～申しあぐる 등이 있다. 또한 현대어에서 대표적인 겸양표현양식의 하나인 御(동사의 연용형)～의 형식인 御～申す, 御～申上ぐる, 御～いたす가 보인다. 현대어의 대표적인 겸양형식인 御～する는

근세에는 아직 나타나지 않는다.

~あぐる

다른 동사에 붙어서 다른 사람을 위해서 어떤 행동을 해 주는 겸양어
로서 사용되는 보조동사로 あぐる가 있다.

悴が事を頼み上ぐる。 (近松歌舞伎狂言集)

아들의 일을 부탁드리다.

ていしゅ：わたしが元宅さんでも呼で來てあげませうか (東海道中膝栗毛)

주인：제가 모토이에님이라도 불러다 드릴까요?

~さしあぐる

현대어에서 사용되는 객체를 높이는 겸양어 さしあぐる가 근세에도 사용
되고 있었다.

北八：イヤそれから御らうじろ手のひらへのせてさしあぐると、とんびが來りちよい

とさらつてゆく (東海道中膝栗毛)

기타하치：아니 그러고서는 보시라고 손바닥에 올려 드리니 솔개가 와서
는 채 갔다.

(御)~いたす

현대어의 겸양어의 한 형식인 御~いたす가 근세에 이미 나타난다.

とかくお前が片時もはやく、山をお出なさるると…どうぞおともいたしたし

(心中万年草)

아무튼 당신이 잠시라도 빨리 산을 오르시지요… 자 제가 따르겠어요.

ハイ。御案内いたしましよかいな　　　　　　　　　　　　（東海道中膝栗毛）
네, 제가 안내해드릴까요?

(御)～申す

尋ねに出ました侍が帰り申しまするには。　　　　　　　　（近松歌舞伎狂言集）
찾으러 나온 사무라이가 돌아갈 때는

すこしはおまけ申ませう　　　　　　　　　　　　　　　　（東海道中膝栗毛）
조금은 싸게 해드리지요.

(御)～申し上ぐる

狂言の義に付皆様へおことはり申上げまする。　　　　　　（大和屋藤吉口）
교겐의 도리에 대하여 여러분에게 양해의 말씀 올립니다.

～たてまつる

오래전부터 사용되던 겸양어 たてまつる가 보조동사로 사용된 예가 보이지만 문어적인 표현에 사용되는 경우가 많다.

いかに名主様、大屋様。四郎兵衛ハわかければ、ばんじハたのミたてまつる。
かたミのものをおくるべ し。きり、かなつち、のミ、のこきりハ新五郎にゑさするな
り。　　　　　　　　　　　　　　　　　　　　　　　　　（鹿の巻筆）
아 촌장님, 집주인님. 시로베는 아직 미숙하기에 만사 의지합니다. 유품을 보내겠습니다. 송곳, 쇠망치, 끌, 톱은 신고로에게 주도록 하였다.

はじめより都人の貴なる御方とは見奉るこそ賢かりき。　　　　　(雨月物語)

처음부터 도회지에서 자란 고귀한 분이라고 생각했는데 틀리지 않았네요.

~進ずる

けふの内一貫目急度と調べ進じませう。(大経師普暦)

오늘 중으로 일관을 반드시 조사해 올리겠습니다.

~おます(る)

なんと召された。　～直しておませう。　　　　　　　　　(御所桜堀川夜討)

뭐라고 말씀하셨어요? ~ 고쳐 드리지요.

~まゐらす

とつと田舎のとろくの奥の、踊りて振りを見せ参らせう。　　(近松歌舞伎狂言集)

완전히 시골 촌구석의 춤을 보여드리지요.

まつまつ御茶まいらせよ、もみぢにたててまいらせよ。　　(きのふはけふの物語)

우선 차를 내지요. 아주 진하게 끓여서 내겠어요.

~ます

이 ます는 현대어의 청자경어의 용법이 아니며 お~もうしあげる와 같이
상대방에게 행동을 하면서 상대방을 높이는 겸양어로 사용되고 있다.

あたらしゆできたねどうぐを<u>見せまし</u>や。　　　　　　　　　　　　（心中万年草）

새로 만든 침구를 보여드리지요.

~ていただく

현대어에서 사용되는 겸양어 いただく의 보조동사로서의 예는 근세에 이미 예가 보인다. 근세의 경어형식에서 이미 현대어로 이어지는 자취를 볼 수 있는 것들이다.

何はともあれ、早く<u>見ていただい</u>たらよからう　　　　　　　　（七偏人）

여하튼 빨리 보시면 좋겠다.

~てをる

~ている의 겸양어의 용법으로 겸양어 をる를 보조동사로 사용한 예가 보인다.

親の手前を引とられ、余所の内に<u>預られて</u>おりましたが、　　　（東海道中膝栗毛）

부모 앞에서 데려가 다른 집에 맡겨져 버렸습니다만,

まかり~

まかり는 동사 위에 붙어서 겸손함을 나타내는 겸양접두어이다.

今仰出さるる御下知を謹しんで承らんため<u>罷出</u>てたり。　　　　　（醒睡笑）

지금 명령하신 분부를 삼가 받들고자 물러가겠습니다.

拙者も無事に遠州より只今<u>罷歸</u>ります。　　　　　　　　　　　（心中宵庚申）

저도 무사히 도토미로부터 지금 막 돌아왔습니다.

3. 정중어

1) 정중어 1

중세에도 보이던 申す, 致す, 参る의 정중어 용법은 더 확실해진다. ～
という의 정중한 표현으로서, 자신보다 신분이 아래인 사람에게 말하는 행
위에도 申す가 사용되고 있다.

まうす (申す)

さやうさ。かのひざくり毛と申、著述の事について、わざわざ出かけました

(東海道膝栗毛)

그렇지요. 그 히자구리게 (도보로 하는 여행)라는 저술의 일을 따라서 일부
러 나왔습니다.

淨土宗の和尚來られ……念佛の功力にて皆助かるなりと<u>申されたり</u> (浮世物語)

정토종 고승께서 오셔서…'염불 공력으로 모두 구원을 받습니다' 라고 말
씀하셨다.

いたす (致す)

いたす가 '～라고 하다'의 뜻으로 쓰이는 경우나 날씨 등의 사항에 대해
서 사용하는 것은 정중어로서의 용법이다.

'そこは何屋だ。' 'のうれんを見さッしやい。' 'むすこ : 小田原屋と<u>いたして</u>御座りま
す。

(遊子方言)

'거기는 무슨 가게이냐?' '옥호(노렌)을 보시지요.' ' 아들 : 오다하라라고 합
니다'.

此お天氣の御都合は申ぶんなしぢやが、お暑さはどういたしたものでございませ
う　　　　　　　　　　　　　　　　　　　　　　　　　　　　（浮世風呂）

이 날씨 상태는 더할 나위 없이 좋습니다만, 더위는 어떻게 된 걸까요.

まゐる (参る)

근세에 이미 まゐる의 정중어의 용법은 증가하였다. 다음의 예처럼 자신
의 집에 친구들이 오는 것은 정중어의 용법이라 하겠다.

藤：それは殘念でございます。松藏、藤二、三味子や、我物がまいつてをりま
　　すから、ぬけにくうございます。　　　　　　　　　　　　（通言総籬）

후지 : 그건 유감스럽군요. 마쓰조, 도지, 샤미코 랑 우리 동료들이 와 있
　　　기 때문에 빠져나가기 어렵겠네요.

おる

겸양어는 사람의 행위에 대해 사용하는데 아래의 예는 사물에 대한 것
이고 일반적인 사람들에 대한 것으로 정중어로서의 용법이다.

コレ、腮の下の筋の間へ垢がたまつてをります。　　　　　　（浮世風呂）

여기, 턱 아래 심줄 사이에 때가 끼었어요.

此所等では衆人隣家へ行ぐらゐに思つて居りますヨ　　　（春色梅兒譽美）

이 근방에서는 보통 다들 이웃집에 가는 정도로 생각해고 있지요

ございる・ございり(い)ます・おぢゃる 등

중세에 이미 많은 예를 보이고 있던 ございる의 부류들은 근세에는 예가
더 늘어남과 동시에 정중어화가 한층 더 진행된다. 존경어의 용법에서

시작된 ござる가 사물을 나타낼 경우와 화자 자신에 대해서도 많이 사용된다.

わたしがあねが二人ござる　　　　　　　　　　　　（近松歌舞伎傑作集）

저는 손위 누이가 둘 있지요.

憚ながら平右エ門めが。一言申上たい義がござります。　　（假名手本忠臣蔵）

송구합니다만, 이 헤이에몬이 한 말씀 올리고자 합니다.

是がうそならおなか見しゃ。ちっとさうもおぢゃるまいと　　（用明天王職人鑑）

이게 거짓이라면 배를 봐요. 조금도 그렇지 않을테니.

〜ござない・〜おりない

湯はござるが、づけがござない。　　　　　　　　　　（醒睡笑）

뜨거운 물은 있습니다만, 절임이 없소이다.

いや、見たる事はおりない。　　　　　　　　　　　　（醒睡笑）

아니, 본 일이 없소이다.

2) 정중어 2

현대어의 청자경어로 사용되는 ます가 이 시대에 거의 확립되며 です는 근세 말기가 되어야 나타난다. 그 외에 ござる가 でござる、でございます의 형태로서 사용되어 현대어로 이어지고 있다. 그 외에 여성어라 할 수 있는 いす、やす(やんす)가 보이며, でえす・でゑんす의 예도 보인다.

いす・やす (やんす)

근세의 유녀들이 사용하던 특징적인 것으로 여성어라 할 수 있다.

イ丶エそうじゃア有ません。矢義の城さん所にかくまはれて居きッしゃるといふこと
で有イす。
(春色梅児誉美)

아뇨, 그렇지 않아요. 야기노조님 있는 곳에 숨어 계시다는 것이지요.

此の家屋敷相応に。三貫目や五十両は貸してやって下さいやせ

(近松浄瑠璃集)

이 집과 대지에 어울리게 삼관 목 과 오십 냥은 빌려 주시지요.

でえす・でゑ(ん)す

상대방에 대해서 자신을 과시하는 태도로 단정할 때에 쓰였다. 종지형
만 쓰였으며 교토에서 시작한 남성어라 하겠다. 에도어의 です와는 발생
적으로 관계가 없다.

いや何もせぬ。俺でえす。
(夏祭浪花鑑)

아니 아무것도 아닙니다. 저입니다.

成程聞及んだお名でゑす。
(歌舞伎 助六)

과연 전해 듣던 명성대로이십니다.

でげす

정중한 단정을 나타낸다. でげす는 でございます를 어원으로 보며 でご
ぜへやす→でげへす→でげす로 변한다.

イヤ、そのうぶな所が妙でげっす。 (小袖曽我薊色縫)

야~, 그런 순진한 점이 묘한 매력이지요.

ます

한편 ます는 현대어에서는 동사에 붙으며 주로 명사에 붙는 です와 함께 정중체의 쌍을 이루어 사용되지만, 근세후기부터 근대 전기(메이지 20년 경)에 걸쳐서는 でございます와 쌍을 이루어 사용되는 것이 보통이었다.

ます의 전신이라고 보는 まっする・まする 등은 근세 초기에서 중기에 걸쳐서 나타난다. 또 근세 중기에는 ましょう・ました 등의 활용형의 예도 보인다.

イゝエそうじゃア有ません。 (春色梅児誉美)

아뇨, 그렇지 않아요.

子供の喧嘩をとり上るは悪うございます。すべて手まへの子に利を付ては濟ません (浮世風呂)
ん

아이들 싸움에 끼어드는 것은 좋지 않습니다. 모두 제 아이 편을 들어서는 안되지요.

~です

です는 근세 초기의 교겐(狂言)의 다이묘(大名)의 자기소개(名のり) 등에 나타나는데 이러한 용법은 자신을 과시하는 용법으로 보인다. 오늘날 현대일본어의 청자경어의 근간을 이루고 있는 です의 등장은 근세말기로 보고 있다. 근세후기의 です는 남성이 사용하였다고 하나 근세 말기가 되면 현대어의 용법과 마찬가지로 남녀 공히 사용하며 미연형, 연용형의 예가 나타나고 조사 の를 삽입한 형태도 보여서 현대어와 같아진 것을 알 수 있다.

時に与四さん、コヲなすつちやアどうでせう　　　　　　　（春色恋㤠染分解）
그런데, 요시님 이렇게 하면 어떨까요?

何時でしたっけか、　　　　　　　　　　　　　　　　　（花暦封じ文）
언제쯤이었던가.

玉川という酒屋も爰から出たのですか。　　　　　　　　（春色恋㤠染分解）
다마가와라는 술집도 여기에서 생겨났습니까?

~ござ(あ)る・~ござります(ござりんす)

ござる의 유형들이 청자를 배려하는 정중어 2의 용법으로 사용되었다. 근세의 ござる는 ます와 결합하여 정중한 근세의 정중어를 대표하는 경어의 형태로 사용되고 있다.

これは柿の蔕で御座ある。　　　　　　　　　　　　　　（醒睡笑）
이건 감 꼭지올시다.

泉はどこでございます　　　　　　　　　　　　　　　（東海道中膝栗毛）
샘물이 있는 곳이 어디인지요?

此間はお見かぎりでございます　　　　　　　　　　　　　（浮世床）
일전에는 발길을 끊으셨지요

これからすぐに曾根崎へ、かなわぬ用とてござりんした。　（女殺油地獄）
지금 곧 바로 소네자키로 가시지요. 피치 못할 일이라고 하옵니다.

- 그 외에 候ふ의 형태도 문장체의 느낌으로 일면에 남아있다.

相成候藤兵衞樣と申(す)客人を證人ニいたし候へば、　　　　　（春色辰巳園）

도베님이라고 하는 손님을 증인으로 하기에

참고

ぢゃ와 だ

にてあり→である→であ(でや)→ぢゃ／だ의 변천과정을 거쳤다. ぢゃ는 중세 말부터 근세에 걸쳐 사용된다. だ는 시기적으로 ぢゃ보다 늦게 나타난다. ぢゃ는 교토 오사카의 서쪽 지방에서, だ는 동쪽에서 사용되었다.

名ハ県ナレドモ大ナホトニ郡チヤゾ　　　　　　　　　（史記抄）

이름은 아가타라고 하지만, 크기는 고오리 정도이겠지.

こくよくたて申せといふ事だよ。　　　　　　　　　（醒睡笑）

차례대로 조리있게 말하라는 뜻일세.

二. 호칭, 인물, 사물 관련 표현

1. 인칭대명사

1인칭	교토어	わたしく わたし われら おれ み みかど われわれ こち こちら それがし せっしゃ
	에도어	わたしく わたし あたし わっち われ, こっち, おれ おいら わちき わたい
2인칭	교토어	おまえ おまへさま こなたさま ごじぶんさま きさま(貴様) おぬしさま そもじさま こなた そなた ごじぶん こなん
	에도어	あなた おまへさん おまへ おまはん おめへ おめへ方 おめへたち てめへたち こなた そなた そっち うぬ
3인칭		あれ かれ これ あの人
부정칭		どいつ, どちら, どなさん, どやつ

근세에는 종래에 사용되던 인칭대명사들 이외에 새로이 많은 인칭들
이 등장한다. 그 종류도 많은데 유리어라고 칭해지는 여성어 특유의 인칭
까지도 등장하였다. 또한 현대어에서 사용되는 인칭의 종류들이 보인다.
2인칭의 あなた, おまへさん, おまへ 등은 경의가 높아서 상위자들에게도 사
용되고 있다. これがし, みども 등은 무사어로 사용되었으며, 유리어로서
わちき 등이 사용되는 등 위상에 따른 인칭들이 보인다.

전기 교토어로는 おまへさま, おまへ, こなた, そなた, おぬし, おのし, きさま
(貴様), われ, そち 등이 있다.

후기 에도어로는 あなた, おまへさん, おまへ, てまへ, おめへ, てめへ 등이
있었다. きさま(貴様)는 전기 교토에서는 경의를 가진 말이었지만 에도후
기가 되면 아랫사람에게 사용하는 말이 되었고 현대어에서는 비하하는
말이 되었다.

2. 접두어

お・おん・み・ぎょ・ご

おん : 구어적인 お에 비해서 おん은 문어체에서 많이 보이며 격식있는
　　　느낌을 준다.

お : お는 대부분 고유어에 붙지만 경의는 높지 않다. 또한 중세에 이어
　　서 한자어에 붙는 것도 있다.

み : み는 구어에서도 문어에서도 나타나는데 한정된 어휘에 붙엇다.

ぎょ : ご와 ぎょ는 한자어에 붙지만 ご는 일반적으로 사용되는 데에 반해
　　　ぎょ는 극히 한정된 한자어에 고착한 된 형태로 붙는다. 또 이러
　　　한 어휘는 전 시대부터 전해오던 것이며 그대로 다음 시대에도
　　　이어지는 경향을 보인다.

ご : ご는 여러종류의 한자어에 붙지만 중세와 마찬가지로 고유어에도
　　붙으며 현대어에 이른다.

3. 접미어

사람을 나타내는 말의 뒤에 붙어서 경의를 나타내는 접미어로는 ～うえ
(上), ～殿, ～さま(様), ～かた(方), ～ぎみ(君), ～さん, ～くん(君), ～たち, ～
けい(兄), ～し(氏) 등이 있다. 이 중에 현대어에서 일반적으로 인명이나
관계되는 직명 등에 붙여서 쓰는 さん의 출현은 주목할 사실이다. (旦那さ
ん、大夫さん)

4. 조사 の, が의 구별은 문법 상의 구분이 강해지며 대우의식과의 관
련은 약해지고 관심에서 멀어지게 된다.

5장 근대의 경어

메이지이후(1868) 근세의 에도어에서 탈피하여 전국의 공통어로서 도쿄어가 성립하게 된 것은 대략 메이지20년(1887) 전후쯤으로 보인다.

메이지20년(1887)을 경계로 근대 일본어의 변화를 나누어 보면, 구어는 메이지후기에 거의 현대어가 완성되며 문어도 메이지후기에 새로운 표기체계를 거의 완성시켰다. 그리고 다이쇼(大正), 쇼와(昭和)시대를 거치면서 근대의 도쿄어는 학교 교육·라디오를 통해 전국적으로 보급되어 갔다. 이 시대는 인위적으로 언문일치를 꽤하는 시기이기도 하여서 정중하게 말할 때는 です, ます를 쓰도록 하는 등 일반인의 경어사용에도 변화를 가져오게 된다.

도쿄어와 에도어의 차이 중 하나로 신분의 붕괴로 인한 경어사용의 변화를 들 수 있다. 에도시대부터 사용되던 경어의 대우가치가 하락하며 새로운 경어형태가 생기기도 한다. 한편 근대의 경어형태와 경어법은 약간의 변화는 있지만 대략적으로 현대어의 경어로 이어져 현재에 이르고 있다. 그러나 근대의 경어는 이전부터의 고풍스럽고 고급스러운 존경어의 형태가 남아있는 등 에도의 일반인들의 언어양상을 이어받았다고 보기 힘든 면들을 보인다. 그런 점은 근세 에도시대의 각 계급의 언어현상이 망라해서 나타나지 않고 있는 점에 기인하는 것으로 보인다.

一. 용언의 경어형

다음에 근대에 사용된 동사의 특정어형의 경어를 존경어와 겸양어로 나누어 표로 제시하였다.

표5 근대의 동사의 특정어형의 존경어와 겸양어

현대일본어 (한국어)	고어의 보통어	존경어	겸양어
言う(말하다)	いふ	おっしゃる	まうしあぐる 申す
思う (생각하다)	おもふ	おぼしめす	ぞんじる
見る (보다)	みる	ごらんになる ごらんなさる ごろうじる	拝見す(る)
会う (보다)	あふ		おめにかかる
聞く (듣다)	きく		うけたまはる うかがふ
する (하다)	す(る)	あそばす なさる	いたす つかまつる
着る (입다)	きる	めす	
食う(먹다) 飲む (마시다)	くふ・のむ	めしあがる あがる	いただく
知る (알다)	しる	ご存じ	ぞんじる
承知する (받아들이다)	しょうちする		うけたまはる かしこまる
寝る (자다)	ねる	おやすみなさる	
もらう (받다)	もらふ		いただく 頂戴(する)
与える (주다)	あたふ		あぐる さしあぐる
くれる (주다)	くれる	くださる	
行く・来る (가다・오다)	いく・く(る)	いらっしゃる おいでなさる みえる	まゐる うかがふ
いる(있다)	ゐる	いらっしゃる おいでだ	おる

1. 존경어

근대의 동작을 나타내는 동사의 존경어로는 특정어형과 부가형식의 존경어가 있다. 구체적인 경어의 형태들은 근세에 이미 사용된 것들이 고착화된 경우가 많다. 특정어형의 존경어로는 なさる, おっしゃる, いらっしゃる, くださる 등 현대어로 이어지는 것들이 보이지만 한편에서는 おぼしめす, あそばす 등의 고어의 경어의 형태가 여전히 보인다.

또한 부가형식을 이루고 있는 것은 お~なさる, ~てくださる, お~くださる 등이 보이며 존경의 조동사로 れる、られる가 전대에 이어 사용된다. 가장 특징적인 것은 현대어의 존경어형식의 주역인 お~になる가 자리를 잡았다는 점이다.

1) 특정어형의 존경어

▶ いふ (言ふ)의 존경어

'말하다'의 뜻의 존경어는 おっしゃる가 사용되었다.

おっしゃる

外面だけで人のする事を何んとか仰有るのは少し残酷ですわ。　　　（或る女）

겉모습만 보고 다른 사람에 대해서 뭐라고 말씀하시는 것은 너무 하십니다.

お嬢さまは気分が悪いと仰しやつて、御膳も碌に召上らずに、モウお休みなさいました。　　　　　　　　　　　　　　　　　　　　　　　　　（浮雲）

아가씨는 속이 안 좋다고 하셔서, 식사도 제대로 안 드시고, 벌써 주무십니다.

▶ おもふ (思ふ)의 존경어

'생각하다'의 뜻의 존경어로는 상고부터 사용되던 おぼしめす가 근대에
도 사용된다. 그러나 품위 있는 경우에 사용되었고 그 외에 보통어의 동
사를 경어형식화한 お思いなさる 등의 표현이 사용되었다.

おぼしめす (思し召す)

そのまた悪い文三の肩を持ツてサ、私に喰ツて懸ツた者があると思召せ。

（浮雲）

그 또 나쁜 분죠의 편을 들어서, 나한테 대든 사람이 있다고 생각하세요.

＊お思いなさる
マア本田さん、貴君は何方が理屈だとお思なさる　　　　　　　　　（浮雲）

저 혼다씨, 당신은 어느 쪽이 맞다고 생각하세요.

▶ みる (見る)의 존경어

'보다'의 뜻의 존경어로는 ご覧になる, ご覧なさる가 사용되었다. 또 전
시대에 보이던 존경어 ごらうじる가 보조동사로 쓰인 예도 보인다. 근대의
대우표현의 다양성을 잘 나타내주는 浮雲에는 ごらんなさる, ごらうじる의 두
가지 경어형이 같이 보조동사로 사용되고 있다.

ごらんになる (ご覧になる)

あなたのような方から御覧になったら、さぞいやな気がなさいましょうねえ （或る女）
당신 같은 분이 보시면, 정말 마음이 안드시겠죠.

ごらんなさる (ご覧なさる)

そんならマア考へて御覧なさい。 (浮雲)

그러면 생각해 보세요.

ごらうじる (御覧じる)

マア考へて御覧じろ。 (浮雲)

그러면 생각해 보세요.

▶ する의 존경어

'하다'의 뜻의 する의 존경어로는 경의가 높은 あそばす와 なさる가 사용되고 있으며 さっしゃる 등 근세에 많은 예들이 보이던 존경어 동사들은 자취를 감춘다. 또한 이때에는 おしなさい와 같이 보통어의 동사에 경어요소를 부가하여 경어형식화하여 사용하는 예들도 보인다.

あそばす (遊ばす)

課長殿は「見所のある奴ぢゃ」ト御意遊ばして御贔負に遊ばすが、同僚の者は善く言わぬ。 (浮雲)

과장은 '꽤 쓸만한 친구야'라고 피력하시고 편을 드시지만 동료는 좋게는 말하지 않는다.

何うかあそばしましたか。 (明暗)

왜 그러시지요?

なさる

厭サ、彼様<ruby>事<rt>あんな</rt></ruby>をなさるから　　　　　　　　　　　　　　　（浮雲）

싫지, 그런 일을 하시니까.

御友達の御墓へ毎月御参りをなさるんですか。　　　　　　　（こころ）

친구 묘소에 매일 들르십니까?

● おしなさる

フ丶 其様なに宜きやア慈母さんお做なさいな。　　　　　　　　（浮雲）

흐흠, 그렇게 좋으시면 어머님께서 하시죠.

▶ きる (着る)의 존경어

めす (召す)

'입다'의 뜻의 존경어로는 예전부터 사용되던 めす가 사용되고 있다. 또한 경의를 높이기 위해서 お召しになる와 같이 2중경어를 사용한 예는 근대와 현대의 사이에 있는 작품에 보인다.

其品をば脱いで擲きつけて、御自身洋服にめしかへて、　　　（十三夜）

그걸 벗어서 내동댕이치고 자신이 양복으로 바꿔입으시고

そうして、お昼すこし過ぎ、白絣に夏羽織をお召しになって診察にいらした。　　　　　　　　　　　　　　　　　　　　　　　　　　（斜陽）

그리고 점심 좀 지나서, 하얀 가스리에 여름 겉옷을 입으시고 친찰 받으러 오셨다.

▶ くふ(食ふ)・のむ(飲む)의 존경어

'마시다, 먹다'의 뜻의 존경어로 사용된 것에는 召し上がる와 あがる가
있다. めしあがる가 あがる보다 경의가 높다.

めしあがる (召し上がる)

あの、若し御新造さまがお帰なすつて御膳を召上ると仰ツたら、　　　(浮雲)

저, 만일 부인이 귀가하셔서 식사를 하시겠다고 하시면,

あなた御飯を召上がりますか。　　　　　　　　　　　　　　　(道草)

당신 식사 하시겠어요?

あがる

'먹다, 마시다'의 뜻의 존경어로 경의가 낮은 あがる가 있다. お~なさる
의 형식을 부가하여 2중경어를 만든 おあがりなさる의 예도 보인다.

それでは、貴方、鰻は上りますか　　　　　　　　　　　　(金色夜叉)

그러면 당신, 장어는 드십니까?

紅茶を淹れましたからお上んなさい。　　　　　　　　　　(金色夜叉)

홍차를 탔으니까 드세요.

▶ しる (知る)의 존경어

'알다'의 뜻의 知る의 존경어는 ご存じ~가 사용되었다.

ご存じ

　文さん、貴君はアノ一課長さんの令妹を<u>御存知</u>。　　　　　　　（浮雲）

　분죠씨, 당신은 그 과장님 따님을 아세요.

▶ ねる (寝る)의 존경어

　근세 말에 사용되기 시작한 ねる(寝る)의 존경어 おやすみなさる는 근대 중반기에는 일반화되어 사용되기 시작한다.

おやすみなさる

　　夜なぞは貴方、<u>お休みなさる</u>んだか為さらないんだか、　　　（魔風恋風）

　　밤에는 당신, 주무시는지 어떤지.

▶ くれる의 존경어

　'주다'의 뜻의 くれる의 존경어로는 くださる가 본동사와 보조동사의 양쪽으로 사용되고 있다. 동작을 하는 사람을 높이는 표현이지만 받는 사람과의 관계가 은혜성이 가미된다고 하겠다.

くださる

　근세에는 하2단활용과 4단활용의 두 가지 형태로 사용되었지만 근대에는 4단동사로 정리된다.

　　それぢや翁様の御都合で、どうしても宮さんは私に<u>下さる</u>訳には参らんのですか

　　　　　　　　　　　　　　　　　　　　　　　　　　　　　（金色夜叉）

　　그럼 영감님 사정 때문에 아무래도 미야상을 나한테 주실 수는 없는 겁니까?

序に地面も<u>下</u>さいよ   (こころ)

주는 김에 지면도 주세요.

▶ いく(行く)・くる(来る)의 **존경어**

근대어에서의 いらっしゃる는 '있다' '오다, 가다'의 뜻의 존경어로 사용되고 있다. 이동을 나타내는 동사 いく・くる의 존경어로서 근세에 등장한 いらっしゃる가 사용되지만 한편에서는 부가형식에 의한 형식화로 많은 존경표현이 생겨난다. 즉, おいでだ, おいでなさる 등이 그것이다. 이 부류는 부가형식에 의한 것이지만 유사한 의미의 다른 동사들을 형식화한 것이기 때문에 한단어화 하여 특정어형으로 다루기도 한다. 한편, '오다'의 뜻의 존경어의 경우에만 사용하는 것으로 見える가 있다. 현대어에서도 존경어로 사용되는 見える는 경의는 높지 않다.

그 외에 보통어에 なさる 또는 れる・られる를 붙여서 존경어로 사용하는 경우도 병행한다. (行きなさる, 来なさる, 行かれる, 来られる 등)

いらっしゃる

ヲヤ誰方かと思ツたら文さん……淋敷ツてならないから些とお噺しに入らツしゃいな。   (浮雲)

어, 누구신가 했더니 분죠씨……너무 심심하니까 잠깐 얘기 좀 하게 이리 오셔요.

「ところがもう一遍行つて見やうかと思ふの」「へえ、又いらつしやいますか   (金色夜叉)

'그런데 한번 더 가 보려고 해요.' '에~, 또 가세요?'

お隣へお為事のお稽古に来て入らつしやる皆さんが、すぐに大勢で入ら

つしやつて下すつたのですが、　　　　　　　　　　　　　　　（雁）

이웃에 배우러 와 계신 모든 분들이 금방 다들 와 주셨지만.

おいでなさる

御母さんも一処に御出なさいな　　　　　　　　　　　　　（金色夜叉）

어머님도 같이 오세요.

みえる (見える)

午前のうちは檀那の見えることは決して無いから、少しはゆつくりしてゐても好いと

云つたことがある。　　　　　　　　　　　　　　　　　　　　（雁）

오전 중에는 주인장이 오시는 일은 절대로 없으니까 조금은 여유있게 있

어도 된다고 말한 일이 있어.

※ 기타

* 近頃来なすつたのかい。　　　　　　　　　　　　　　　　（草枕）

요즘 오셨나?

* 何処かへ行かれたのかい。　　　　　　　　　　　　　　　（明暗）

어딘가 가셨었어?

▶ いる의 존경어

いらっしゃる

존재를 나타내는 いる에 조동사 しゃる가 붙어서 한 단어화하여 특정어형의 존경어로 사용된 いらっしゃる는 근대초기에는 활발하게 사용되지는 않았으며 존경어로서 일반화되는 것은 근대 중반기에 들어서이다.

本当にあなたがいらっしゃるのでおぢさんはお仕合せですわ。　　　　（或る女）

정말 당신이 계시니까 아저씨도 행복하시겠어요.

おいでだ

'있다'의 뜻의 존경어로는 주로 いらっしゃる가 사용되지만 한편에서는 부가형식에 의한 형식화로 다른 존경표현이 생겨난다. 즉, おいで~는 부가형식에 의한 것이지만 다른 의미의 동사 出づ('나가다'의 뜻)를 형식화한 것이다. 그러므로 한 단어화 하여 '가다, 오다' '있다'의 존경어로 특정어형으로 다룬다.

其処に御出でしたか　　　　　　　　　　　　　　　　（金色夜叉）

거기 계셨습니까

2) 부가형식의 존경어

보통어인 동사에 존경의 조동사 또는 보조동사를 부가하여 존경어형식을 만드는 부가형식으로는 동작주의 동작을 높여주는 (御)~なさる와 더 경의가 높은 御~あそばす의 예가 있다. 또한, 상대방의 행위에 은혜적의미를 부가하는 御~くださる의 예도 보인다. 근세 말기부터 나타나는 현대존경어의 주역인 御~になる가 근대 중반 이후에는 왕성하게 사용된다. 또한, ~ている(である)의 존경표현~て(で)いらっしゃる가 있으며, 경의는 낮지

만 (お)~ある와 (お)~やる의 명령형(お待ちやれ 등)이 근대에도 사용례가
보인다. 한편 존경의 조동사 れる·られる도 근세보다 많은 예를 보인다.

(お)~なさる

言ふ事があらば陰のくすくすならで此處でお言ひなされ。 　　　　　(たけくらべ)
할 말이 있으면 뒤에서 툴툴대지 말고 여기서 말하세요.

是れからも有る事たから、おねがひ申して置くンですよ。わるくお聞きなすツちや
アいけないよ 　　　　　　　　　　　　　　　　　　　　　　　　(浮雲)
앞으로도 있을 일이니까 부탁해 둘게요. 나쁘게 듣지 말아 주세요.

御ーあそばす

課長殿は誰の前でもアハヽヽとお笑ひ遊ばすが、昇は人に依ツてエへヽ、
笑ひをする而已。 　　　　　　　　　　　　　　　　　　　　　　(浮雲)
과장님은 누구 앞에서도 아하하 하고 웃으시지만, 노보루는 사람에 따라
서 피식 웃을뿐.

ああ吃驚した。御帰り遊ばせ。 　　　　　　　　　　　　　　　(明暗)
아이 깜작이야. 오섰어요.

~て(で)いらっしゃる

貴方まだ何かあたしを疑ぐってゐらっしゃるの。 　　　　　　　(明暗)
당신, 아직도 뭔가 날 의심하고 계신건가요?

～ておいでだ(です)

人からあなたの所の御二男は、大学を卒業なすつて何をして御出ですかと聞か
れた時に返事ができない様ぢゃ、　　　　　　　　　　　　　　　　(こころ)
사람들이 댁의 둘째 아들은 대학을 졸업하고 뭘 하고 계시냐고 물었을 때
대답에 궁해서야.

～てくださる

중세부터 나타나는 くださる는 현대어의 중요한 경어형태이다. 동사의
뒤에 보조동사로 시용되어 은혜적 의미를 지닌다.

それにちよつと待つてゐて下さいな　　　　　　　　　　　　　(雁)
그리고 좀 기다리세요.

何んとかして一度わたしに会つてくださいません?　　　　　(或る女)
어떻게 저를 한번 만나 주세요.

(御)～になる

お～になる가 많이 사용되는데 특정어형의 존경어에 お～になる를 부가
하여 2중경어를 만들기도 한다.

嫁に遣ると有仰るのは、何方へ御遣しになるのですか　　　(金色夜叉)
시집을 보낸다고 하시는데 어디로 보내시는 겁니까?

皆さまは神奈川泊まりのつもりでお出かけになりませんと濱にはまだ旅籠屋もござ
いますまい。　　　　　　　　　　　　　　　　　　　　　　(夜明け前)

여러분은 가나가와에서 묵으실 생각으로 떠나셔야지, 해변에는 아직 여
관도 없을 거에요.

今日は奧さんはお見えになりませんね。 (明暗)
오늘은 사모님은 안 오시는군요.

御~ある

浮雲의 다음의 예는 '보다'의 특정어형의 존경어 ご覧에 경어형식 御~
ある를 부가하여 2중경어를 만들어 경의를 한층 높인 것이다.

よくお眼を止めて御覧あられましせう。 (浮雲)
잘 주목하여 보세요.

お~だ・お~です

お~だ도 부가형 경어형식으로서 근대 전반에는 사용예가 많으나 근대
후반에는 급속히 그 예가 줄게 된다. 그러나 그 자리를 お~です의 경어
형이 자리하게 된다. 이는 です가 청자경어로서 정착하게 됨으로서 경의
가 더 높은 お~です로 이행한 것으로 보인다. お~だ는 お~です보다 경
의는 낮으며 여성들이 친애적인 느낌으로 사용하기도 한다. お~だ의 부
정표현으로 お~でない의 형태가 보인다. 또한, 동사의 연용형에 존경접
두어를 붙이고 だ를 생략한 채로 사용하는 예들도 있다.

何時返事をお出しだ。 (浮雲)
언제 답장을 보내셨나?

なにか御用でもおありだったの。 (明暗)

뭐 볼 일이라도 있었나?

生涯に二度とある事ぢゃないんだからね、御客位するのは当り前だよ。
さう遠慮を御為でない   (こころ)
생전에 이런 일은 다시는 없을 테니까 손님 접대 하는 건 당연해. 그렇게
사양하는 게 아냐.

かまはないからお話しよ。   (明暗)
상관없으니까 얘기해 봐.

なんだか急にお世辞が旨くおなりね。   (明暗)
왜 갑자기 마음에도 없는 말이 늘었어?

すぐお宅へ御帰りですか。   (こころ)
금방 귀가하실 겁니까?

あなたは今の男を一体何だと御思いです。   (草枕)
당신은 지금의 그 남자를 뭐라고 생각하세요?

~(ら)れる

중고에서부터 존경의 조동사로 사용되던 る・らる는 れる・られる의 형태
로 근대에도 경의가 높지는 않지만 존경 조동사로 사용되고 있다.

何処かへ行かれたのかい。   (明暗)
어디 가버리신건가요.

さき程先生の<u>云はれた</u>、……あれは何ういふ意味ですか。　　　　　　　　(三四郎)

아까 선생님이 말씀하신, ……그건 무슨 뜻입니까?

참고

【특정어형의 경어 : 경어의 유형화】

원래 상대방의 동작을 높여서 표현하고자 할 때에 두 가지 방법이 있다.

1. 특정어형의 존경어를 사용한다.

2. 보통어 동사에 경어적 요소를 부가하여 유형화한 것을 사용한다.

　(お~になる, お~なさる, (ら)れる)

그런데 시대의 흐름과 함께 특정어형의 존경어를 사용하기 보다는 보통어를 경어형식에 맞추어 유형화된 존경어표현을 만들어 쓰는 경향이 강해지고 있다.

　예 :　　いく→いらっしゃる／いかれる

　　　　　くる→いらっしゃる／こられる 등)

　　　　　たべる→めしあがる／おたべになる

　　　　　いう→おっしゃる／おいいになる

2. 겸양어

1) 특정어형의 겸양어

▶ いふ (言ふ)의 겸양어

'말하다'의 뜻의 겸양어로 申上げる와 申す의 겸양어로서의 예가 있다.

まうしあげる (申し上げる)

けれども私あなたにどうしても<u>申上げ</u>ておきたい事がありますの。　　　　(或る女)

그렇지만 당신한테 꼭 말해 두고 싶은 일이 있어요.

まうす (申す)

全くそんな気で<u>申し</u>た訳じゃア有りませんが…お、お、思違いをして…つい…失
礼を<u>申し</u>ました…   (浮雲)
아니 그런 마음으로 말씀드린 게 아닙니다만, ……잘, 잘, 잘못 알고 그만
실례되는 말씀을 드렸습니다.

▶ おもふ(思う)・しる(知る)의 겸양어
겸양어 ぞんじる는 '생각하다' '알다'의 겸양어로 쓰인다. 存じる는 다른
인용문들에 と存じる의 형태로 붙어서 '그런 것 같다', '그렇게 느낀다'의 뜻
<u>으로도</u> 쓰인다.

ぞんじる (存じる)

別にお答へをしようが御座いませんから、それはぞ<u>んじ</u>ませんと<u>申上</u>げました。
                                                                   (明暗)
별로 대답할 도리도 없어서, '그건 모릅니다'라고 말씀드렸습니다.

▶ みる (見る)의 겸양어
'보다'의 뜻의 겸양어로는 拝見する가 사용되었다.

はいけん (拝見) する(いたす)

<u>私ここで拝見致</u>してをりますから、<u>立派に遣ってご覧遊</u>ばせ。   (金色夜叉)
저는 여기서 보고 있을테니가 멋있게 해 보세요.

▶ あふ (会ふ)의 겸양어

'만나다'의 겸양어로는 근세에도 사용되었던 お目にかかる가 여전히 사용되었다.

おめにかかる

> ここで御目にかかればそれで好い。　　　　　　　　　　　　(三四郎)

여기서 만나뵈면 그걸로 됐어.

▶ きく (聞く)의 겸양어

근대에 사용된 '듣다'의 뜻의 겸양어는 うけたまはる와 うかがふ가 사용되었다.

うけたまはる (承る)

> 屡々聞いて耳にタコが入いツてゐる程では有るが、イエ其お噺なら最う承りましたとも言兼ねて、文三も始めて聞くやうな面相をして耳を借してゐる。　　(浮雲)

자주 들어서 귀에 못이 박힐 정도지만, '아니, 그 이야기라면 이미 들었습니다' 라고 말할 수도 없어서 분조도 처음 듣는 것 같은 표정으로 듣고 있다.

うかがふ (伺ふ)

> 之を記す前に、チヨソビリ孫兵衛の長女お勢の小伝を伺ひませう。　　(浮雲)

이걸 쓰기 전에 조금만 마고베의 장녀 오세이의 간단한 전기를 들어봅시다.

▶ **する의 겸양어**

근대에는 '하다'의 뜻의 겸양어로는 いたす와 つかまつる의 예가 보이는
데. つかまつる는 그 사용이 쇠퇴해간다.

いたす (致す)

どういふ事ですか、私で出来ます事ならば、何なりと<u>致</u>します 　　　（金色夜叉）

왜 그러세요? 내가 할 수 있는 일이라면 뭐든지 하겠습니다.

つかまつる (仕る)

小供ながらも学問が好こそ物の上手で出来る。いけ年を<u>仕</u>ても兎角人真似は
<u>綴</u>められぬもの、 　　　　　　　　　　　　　　　　　　　　　　（浮雲）

어린애지만 학문을 좋아하고 좋아하는 만큼 잘한다. 이렇게 나이를 먹어
도 다른 사람 하는 대로 하고 산다. .

▶ **くふ(食ふ)・のむ(飲む)의 겸양어**

'먹다・마시다'의 뜻의 겸양어로서 いただく의 예가 보인다.

いただく (頂く)

僕は帰ります。僕は木村にはつきりした報告も出来ない中に、こちらで 御飯を
<u>いたゞ</u>いたりするのは何んだか気が<u>尤</u>めます。 　　　　　　　　（或る女）

저는 가겠습니다. 저는 기무라에게 확실히 보고도 안 된 채로, 여기서 식
사를 하거나 하는 것은 왠지 마음에 걸립니다.

倉地さんもすぐお近所にお住まひですから何時か御一所に御飯でも<u>いた</u>ゞきま
せう。　　　　　　　　　　　　　　　　　　　　　　　　　　　　（或る女）

구라치씨도 근처에 사시니까 언제 한번 같이 식사라도 합시다.

▶ <ruby>承知<rt>しょうち</rt></ruby>する의 겸양어

다른 사람의 의사를 '받아들인다'는 뜻의 겸양어로 うけたまはる가 사용
되었다.

うけたまはる(承る)

金だろう。僕に相当の御用なら<u>承</u>っても可い。　　　　　　　　　　（明暗）

돈 이야기겠지. 내가 상당히 납득할 수 있는 거라면 받아들여도 좋아.

▶ もらふ의 겸양어

いただく는 본래 '머리 위에 받들다'는 동작을 나타내던 것이 '받다'의 뜻
의 겸양어로 사용되게 되었고 그 후에 '받다'와 '먹다'의 겸양어의 양쪽으
로 사용되었다.

いただく

そうして貴方が又わざわざそれを此処まで持って来て下すつたんですね。その
ご親切に対しても<u>頂</u>かなくちゃ悪いわね。　　　　　　　　　　（明暗）

그래서 당신이 또 일부러 그걸 여기까지 갖고 와 주셨군요. 그렇게 친절
하게 해 주시니 받지 않으면 안되겠군요.

もうわたしどんな事があってもそのお金だけは<u>いただきません</u>事よ。　　　　（或る女）

아니 난 어떤 일이 있어도 그 돈 만큼은 받을 수 없습니다.

▶ **あたふ (与ふ)의 겸양어**

근대의 '주다'의 뜻의 겸양어로는 あげる, さしあげる가 사용되었다.

あげる

縄はあるから<u>上げ</u>ますよ。　　　　　　　　　　　　　　　　　　（雁）

밧줄은 있으니 드릴게요.

さしあげる

<ruby>夫人<rt>おくさま</rt></ruby>、ただいま、お薬を<u>差し上げ</u>ます。　　　　　　　　（外科医）

부인, 지금 약을 드리지요.

エー母からもこの度は別段に手紙を<u>差上げ</u>ませんが<ruby>宜<rt>よろ</rt></ruby>しく申上げろと申ことで

　　　　　　　　　　　　　　　　　　　　　　　　　　　　　　　（浮雲）

에~ 어머니께서도 이번에는 따로 편지를 안 드리지만 안부 말씀 드리라
고 하셔서

▶ **いく(行く)・くる(来る)의 겸양어**

'오다・가다'의 겸양어로는 参る의 예가 보인다. 그 외에 '찾아뵙다'의
뜻으로 うかがう가 사용되었으며 あがる의 예도 보인다. 현대어에서는 参る
는 청자배려성이 강한 정중어로 취급되기도 하지만 다음의 근대의 용법
들은 화자가 자신의 행동을 낮추어 말하는 겸양어이다.

まゐる (参る)

ちょっと行って<u>参り</u>ます。　　　　　　　　　　　　　　　　　　　(三四郎)

잠깐 다녀 오겠습니다.

「シカゴまで<u>参る</u>つもりですの」「僕も…私もさうです」　　　　　　(或る女)

'시카고까지 가려고요.' '나도…저도 그렇습니다.'

うかがふ(伺ふ)

是から折々御宅へ<u>伺う</u>つても宜ござんすか。　　　　　　　　　　(こころ)

앞으로 가끔 댁으로 찾아뵈어도 될까요.

あがる

いづれ其内御見舞に<u>上</u>がりますからって　　　　　　　　　　　　(明暗)

언제 문안 드리겠다구요.

2) 부가형식

동사에 보조동사를 부가하여 겸양어형식을 만드는 부가형식으로는 현대어에서 보이는 형식들이 일찍이 보인다. 행위의 대상을 높이기 위해 사용되는 겸양어형식은 ～てあげる, ～てさしあげる, 御～申す, 御～申上げる, ～ていただく가 있으며 자신의 행위를 낮추는 겸영어로서 御～いたす, 御～つかまつる, ～てまいる 등이 있다. 한편 お～する는 더 늦게 나타나 근대 중엽(메이지 30년대)에 성립되어 사용되었다.

~(て)あげる

　현대어에서는 ~てくださる는 동작주와 동작을 받는 사람과의 관계에서 동작을 받는 사람이 은혜적인 관계를 느끼는 느낌을 함축하고 있고, てあげる, てさしあげる는 동작을 해 주는 쪽이 은혜를 베푸는 의도를 포함하고 있다고 받아들여지고 있다. 그러나 근대의 사용례들은 적지 않으며 현대어에서 함축되어 있는 경어사용 억제의 요소는 적었던 것으로 보여 진다.

　　オホゝゝ、マアかにして上げませう　　　　　　　　　　　　　（浮雲）
　　호호호, 빨갛게 해드릴게요.

　　大事にお過し遊ばしませ。陰ながら御成功を祈り上げます。　　　（或る女）
　　건강히 잘 지내십시오. 멀리서나마 성공을 빌겠습니다.

~てさしあげる

　　いかゞ、私がすつかり仕立てて差上げますわ　　　　　　　　　（或る女）
　　어떠세요. 제가 (머리를) 말끔히 만져 드릴게요.

御~申す

　お~申す, お~する, お~いたす는 동사의 연용형의 상하에 부가함으로써 행동주는 낮추고 행동을 받는 대상을 높이고 있다. 이중에 당연히 申す가 가장 오래 되었지만 경의는 낮아졌다. 이것을 대신하는 더 겸손한 표현으로 お~いたす가 나타난다.

　　一寸お待ちください。直ぐ倉地さんをお呼び申して参りますから　　（或る女）
　　좀 기다리세요. 곧 구라치상을 불러 올테니까요.

御～申し上げる

姉さんこそ、これから、叔父さんによろしくおすがり申し上げるさ　　　　　（斜陽）
누님이야 말로, 앞으로 아저씨를 의지해야겠지요.

お～する

현대어에서 가장 일반적인 겸양어 경어형식인 お～する는 다른 형식들
보다 늦게 자리를 잡는다. 다른 겸양어형식 お～いたす 등은 특정어형 동
사를 기조로 하고 있지만 お～する는 보통어 동사가 하나의 형식을 이루
며 겸양어 형식으로 사용되었기 때문에 그 출발이 다른 것보다 늦은 것으
로 보인다.

そんなときにや臨時のお客さまを御断りする事が毎日のやうに御座います。

（明暗）

그럴 때에는 임시로 들리는 손님을 거절하는 일이 매일 같이 생깁니다.

兎に角返事は来るに極つてますから、さうしたら又御話ししませう。　　　（こころ）
하여간 답장은 올테니까 그러면 또 이야기합시다.

お～いたす

겸양어 いたす로 경어형식을 만든 것으로 お～する보다 경의가 높다.

じゃ小川をよこしますかなとまた聞いたら、え、小川さんにお手渡しいたしましょうと
言われた。　　　　　　　　　　　　　　　　　　　　　　　　　　（三四郎）
자 오가와를 보낼까요 하고 또 물으니, 응, 오가와 상한테 건네줍시다 하
고 말씀하셨다.

현대어에서 직접적이기 보다는 완곡한 표현으로 사용되는 ～ていただく
는 받는 동작의 동작주는 자기가 되지만 그 동작을 주는 사람을 간접적으
로 높이는 용법이다. 이러한 용법은 근대어에서 이미 사용되고 있으며 특
히 동사의 사역형과 같이 쓰임으로서 자신의 의지를 더 확실히 표현하기
도 하는 표현이 이미 보이고 있다.

少し<u>手伝って頂き</u>ませうか。 (三四郎)
좀 도와 주십시오.

僕はそれをあなたに<u>考えていただき</u>たいのです。 (或る女)
저는 그걸 당신이 생각해 주셨으면 합니다.

どちら様にも義理が立ちませんから、薄情でも今日かぎりこのお話には手を<u>ひか</u>
<u>せていただ</u>きます。 (或る女)
어느 쪽에도 미안하니까, 의리없어 보여도 할 수 없습니다. 오늘로서 이
야기에서는 손을 떼겠습니다.

3. 정중어

근세에 이어서 参る, 申す, 致す의 정중어 1의 용법이 잘 나타나 있다.
정중어 2의 용법으로는 청자경어 です가 정착한다. 근세에는 정중한 청
자경어 ます와 でございます가 주를 이루고 です의 사용에는 제약이 많았
으나 근대에 들어서는 です의 여러 활용형들이 사용되며 ます와 쌍을 이
루며 현대경어의 청자경어로 정착된다.

1) 정중어 1

다음의 예들의 용법을 보면 ①의 ~と申す는 일반적으로 그렇게 말하다의 뜻이며 ②는 화제의 인물에게 申す와 보조동사 をる를 사용하여 겸양어와는 상관없이 정중어 1로 사용된 것을 알 수 있다. ③의 いたす와 ④의 をる는 사물이나 사항에 관한 것이다. ⑤와 ⑥의 参る는 사물이나 사항의 진척에 대해서 사용하는 것이다. 또한 근대 중기(명치말기)의 작품에 '먹다, 마시다'의 뜻의 いただく(⑦), たべる(⑧)의 정중어로서의 용법이 보인다. 다른 사람의 행동에 いただく와 たべる를 사용한 예이다. 또한 ⑧의 예는 食べ에 존경의 なさる를 붙여서 사용하는 것은 食べる가 이미 정중어로서 말하는 사람의 품위를 위해 사용된 것이므로 가능한 것이다.

まうす (申す)

① 痲酔剤は譫言を謂うと申すから、それがこわくってなりません。　　　(外科医)

마취제는 헛소리를 한다고 하니까 그게 너무 걱정돼요.

② 宮さんはどう申してをりました。　　　　　　　　　　　　　　(金色夜叉)

미야상은 뭐라고 했어요?

いたす (致す)

③ 皆さんいかゞ、もうお暇にいたしましたら…お別れする前にもう一度お祈りをして　　　　　　　　　　　　　　　　　　　　　　　　　　　　　(或る女)

여러분 어떠세요. 이제 자리를 뜨시면 …헤어지기 전에 한번 더 기도드리죠

をる

④ どう遊ばしました。おお、お手から血が出てをります　　　　　　　（金色夜叉）

무슨 일 있으셨습니까? 어, 손에서 피가 나옵니다.

まゐる (参る)

⑤ でも、それは一時のことで年を取るとそうは参りますまい。　　　　（明暗）

그래도 그건 한 때 일이고 나이를 먹으니 그렇게는 안되지요.

⑥ アノ車が参りましたから、よろしくば　　　　　　　　　　　　　（浮雲）

저 차가 왔으니까 준비되셨으면

いただく

⑦ 何んにもいただけないんでせうね

⑧ ソップと重湯だけですが両方ともよく食べなさいます　　　　　　（或る女）

아무것도 못 드시겠네요.

죽하고 미음만 드리는데 둘 다 잘 드세요.

참고

いただく

'먹다', '마시다'의 いただく는 겸양어에서 시작하여 정중어가 된 것이다. 현
대어에서 여성들이 흔히 교양있게 '먹다, 마시다'의 정중어로 사용하고 있다.
いただく는 다른 정중어 1(致す 등)이 갖는 문어적인 느낌이 없고 미화어적인
데 근대에 이미 예가 보인다.

お薬はいただかなくっていいの。　　　　　　　　　　　　　　　（明暗）

약 안 먹어도 돼?.

1) 정중어 2

ます

중세에서부터 변화해 온 ます는 근대에는 이미 오늘날의 일본어의 청자경어와 같은 용법으로 여러 가지 활용형으로 사용되었다.

つい…失礼を<u>申</u>しました… （浮雲）

그만 실례되는 말씀을 드렸습니다.

です

근세 말기에 이미 일반 남녀들이 사용할 정도로 그 사용이 확산되었지만 메이지시대 초기에도 아직 です가 공통화되지 못하였다. 그러나 전국적인 학교 교육의 시작과 더불어 교과서 등에 사용되면서 확산되었으며 문학작품 등의 일반 대화체에 각종 활용형이 사용되게 되었다.

お妹さんでいらっしゃいますか。おきれい<u>です</u>こと。 （或る女）

동생이세요? 참 아름다우십니다.

もう少し先<u>でし</u>た。 （金色夜叉）

좀 전이었어요.

でございます

ございます는 존경어의 용법에서 정중어로 전이된 ござる와 겸양어에서 정중어로 전이된 ます가 합쳐져서 ござります로 되었다가 근대에는 ございます의 형태로 정착하였다. ございます는 ある의 정중어 1로 사용되고 한편으로는 ~(で)ございます의 형태로 명사나 형용사 뒤에 붙어서 ます와 더불어 정중어 2(청자경어)로서 내용의 정중함을 더해준다.

吉川の奥さんへ堀さんと仰しやる方から電話で<u>御座います</u>。　　　　　(明暗)

후루카와 사모님, 호리씨라는 분한테서　전화입니다.

へえ、御淋しう<u>御座います</u>。　　　　　(明暗)

어머, 외로우세요?

二. 호칭, 인물, 사물 관련 표현

1. 인칭대명사

근대의 자료에 보이는 인칭대명사로는 다음과 같은 것들이 있다.

1인칭	わたくし わたし あたし ぼく わか輩 じぶん
2인칭	あなた あんた おますさん おまえ きれ ごじぶん
3인칭	あちら あのかた かのじょ(女) こちら このかた そちら そのかた やつ
부정칭	だれ どなた どのかた

　근세까지는 신분과 위상에 따라 다양한 인칭대명사가 사용되었는데 근대에는 신분제도의 타파 등 제도의 변화와 전국적인 교육에 의해 규범화되므로 대우표현에 변화가 일어나는데 그 중에 인칭의 간략화는 매우 주목할 만하다. 1인칭으로는 ぼく가 지식인 남성들이 친한 관계에서 2인칭 きみ와 함께 사용하였다. 또한 종래부터 사용되던 2인칭 おまへ、おまへさん은 경의의 저하로 상위자에게 쓰이지 않게 되는 등 변화를 가져온다.

2. 접두어

　근대에 존경접두어로는 주로 お ご가 사용되며 おん은 관용적으로 남아
있는 것들에만 사용된다.

　御結婚・御礼 おはなし 등

3. 접미어

　근대에 사람을 나타내는 말에 붙어 그 사람에 대해 경의를 표하는 접
미어로는 さん, さま(様), ～どの(殿), し(氏) 등이 있다. 회화체에서 사용하
는 일반적인 접미어로는 さん이 쓰이고 있으며 격이 높은 것으로 さま가
쓰이고 있다. どの(殿)와 し(氏)는 공적인 문서나 서간문, 문장체에 사용되
고 있다.

6장 현대의 경어

일본의 현대(1945년 이후)는 일본의 패전과 함께 새로운 시대로 접어든다. 사회의 상황변화에 의해 경어의 성격도 크게 변하게 된다. 종래의 계급적인 상하 개념에 의해 쓰여지던 경어는 1952년 '*これからの敬語*'가 공표되는 등 사회 전체의 관심하에 상호존중이라는 개념의 경어로 변하게 된다. 즉 현대는 경어의 변혁기인 것이다.

현대경어는 예의라는 개념이 아닌 대인관계에 있어서의 사교성과 같은 성격이 되었고 사회생활의 일환으로 인식되게 되었다. 그래서 경어에 대한 인식 없이 청소년기를 보내고 성인이 되어 비로서 경어를 의식하게 된다. 실제의 경어사용은 대화의 청자에 대한 배려만이 우선하게 되어 화제의 인물에 대한 경어사용 여부를 결정하는 것도 청자에 의하게 되는 것이다. 현대어의 경어의 형태는 특정어형의 존경어, 겸양어 대신에 부가형식에 의한 경어형식을 사용하는 경향이 더 두드러진다. 또한 기존의 경어의 경의의 저하로 정중어화의 경향이 강해지며 또 다른 경어형태가 그 자리를 차지하게 된다.

一. 용언의 경어형

다음에 현대에 사용된 동사의 특정어형의 경어를 존경어와 겸양어로 나누어 표로 제시하였다.

표6 현대의 동사의 특정어형의 존경어와 겸양어 동사

보통어	존경어	겸양어
言う (말하다)	おっしゃる	もうしあげる
思う (생각하다)		ぞんじる
知る (알다)	ご存じ～	ぞんじあげる
見る (보다)	ごらんになる	はいけんする
会う (보다)		おめにかかる
聞く (듣다)		うけたまわる うかがう
する (하다)	なさる される	いたす
着る (입다)	おめしになる	
たべる (먹다), 飲む (마시다)	めしあがる	いただく
承知する (받아들이다)		うけたまわる かしこまる
寝る (자다)	おやすみになる	
もらう (받다)		いただく
与える (주다)		さしあげる
くれる (주다)	くださる	
いる (있다)	いらっしゃる	おる
行く・来る	いらっしゃる おいでだ(なさる) 見える	まいる

1. 존경어

현대어 동사의 특정어형의 존경어로는 근대의 경어와 크게 다르지 않지만 あそばす、おぼしめす 등의 품격있고 고풍스러운 존경어는 일반적인 경어에서는 사라진다. 실제 사용되는 특정어형의 존경어의 형태는 수가 줄게 된다. 반면에 경어의 형식화가 빈빈하게 일어나 보통어에 경어적인 요소들을 가미하여 유형화된 존경표현으로 사용하게 된다.

1) 특정어형의 존경어

  동사의 특정어형의 존경어는 수가 많지 않고 부가형식에 자리를 양보
하고 있으며 점점 쇠퇴하는 경향을 보인다. おっしゃる(말씀하시다)、ご覧に
なる(보시다)、なさる(하시다)、おめしになる(입으시다)、めしあがる(잡수시
다)、おやすみになる(주무시다)、いらっしゃる(오시다, 가시다, 계시다)、くださ
る(주시다) 등이 사용되었다.

  おっしゃる

  遠慮なくなんでもおっしゃってください。

  사양 말고 무엇이든지 말씀해주세요.

  ご存じ

  ご存じですか、振替輸送。

  알고계십니까? 대체 수송

  ご覧になる

  記事をご覧になりましたか。

  기사를 보셨습니까?

  なさる・される

  お二人ともどうかなさいましたか。

  두 분 다 무슨 일 있으십니까?

斉藤さんは、何かスポーツは<u>されて</u>いるんですか。
사토씨는 무언가 스포츠는 하고 계십니까?

お<ruby>召<rt>め</rt></ruby>しになる

いかがですか。あちらで<u>お召しになって</u>みてください。
어떻습니까? 저쪽에서 입어보세요

<ruby>召<rt>め</rt></ruby>し<ruby>上<rt>あ</rt></ruby>がる

静岡の山葵漬けなんです。よろしかったらみなさんで<u>召し上がって</u>ください。
시즈오카의 와사비즈케입니다. 괜찮으시면 다 같이 드셔보세요.

<ruby>召<rt>め</rt></ruby>し<ruby>上<rt>あ</rt></ruby>がる

飲み方は冷凍庫にて保管をして<u>召し上って</u>ください。
마시는 방법은 냉장고에 보관해서 드십시오.

お<ruby>休<rt>やすみ</rt></ruby>みになる

<u>お休みになる</u>前に火の元をご確認ください。
주무시기 전에 불이 있는 곳을 확인해 주세요.

くださる

お願いします。もう一度チャンスを<u>ください</u>。

부탁합니다. 다시 한번 기회를 주세요.

いらっしゃる

こんなに勇敢な方がいらっしゃるなんて、思いもしませんでした。
이렇게 용감한 분이 계시다니, 생각지도 못했습니다.

いらっしゃる・おいでになる

ご旅行にいらっしゃるのですか。 (여행 가시는 겁니까?)
京都へはおいでになりましたか。 (교토에는 가셨습니까?)

いらっしゃる・おいでになる・見える

お客さまがいらっしゃいました。
お客さまがおいでになりました。
お客さまが見えました。
손님이 오셨습니다.

2) 부가형식의 존경어

존경어의 부가 형식은 행위주체의 동작만을 높여서 이야기하는 부류
와 화자가 그 상대방의 행동이 자기한테 주어지는 경우로 나눌 수 있다.
또 후자의 경우는 받는 입장에서 심적인 도움을 받았다고 느끼면서 쓰는
경우가 대부분이다. 그 외에 존경조동사를 れる・られる를 부가하는 방식
이 있다. 각 부가형식의 특징을 보기로 한다.

お(ご) ～ になる

부가형식을 이루고 있는 것은 단순히 동작주의 행위를 높게 표현하는
형식으로는 お～になる가 가장 일반적이다.

継続定期券は中央口の1番発売機でもお求めになれます。
계속정기권은 중앙입구 1번 발권기에서도 구매하실 수 있습니다.

自動チェックイン機をご利用になる場合にも、パスポートを拝見させて頂きます。
자동체크인기를 이용하시는 경우에도 담당자가 항공권, 여권을 확인하도
록 하겠습니다.

お(ご)～なさる

근대에 많이 사용된 お～なさる의 예는 줄었다.

お引っ越しなさるならこちらをご利用ください。
이사하신다면 이쪽을 이용해주십시오.

FAXでご注文なさる場合は、お名前、ご住所、商品番号を明記してください。
팩스로 주문하실 경우에는 성함, 주소, 상품번호를 명기해주십시오.

お(ご)～される

최근 존경 조동사 れる・られる의 사용의 증가에서 비롯된 것으로 보이는
される와 경어형식 お(ご)～される의 형태가 많이 사용되는 경향을 보인다.

衛星契約の放送受信料をお支払いされる場合は、ひと月あたり250円の割引と
なります。

위성계약의 방송수신료를 지불하실 경우에는, 한 달 당 250엔의 할인이
들어갑니다.

電気をご使用されているところが多数ある場合は、東京電力へご相談ください。
전기를 이용하고 계신 곳이 다수 있는 경우에는 도쿄전력으로 상담해주
세요.

お〜だ(です)

근대에 많은 예를 보였던 お〜(だ)、お〜です는 현대경어에서는 사용
양이 감소되었다. 그러나 과거, 현재, 미래의 시간적 개념에 관계치 않고
사용할 수 있는 편리함을 생각하면 감소하기 보다는 오히려 끊임없는 사
용이 있으리라 전망된다.

ご準備はお済みですか、外貨両替。
준비는 마치셨습니까, 외화환전

おはようございます。きょうお発ちですか。楽しんできてください。
안녕하세요. 오늘 출발하십니까. 즐겁게 다녀오십시오.

〜てくださる, お(ご)〜くださる

동작주가 자신에게 해 주는 행위를 높여서 말하는 くださる는 본동사와
보조동사 모두 겸양표현 (〜)いただく에 밀려 그 사용이 활발하다고 할 수
없다. 현대 일본어의 경어표현은 동작주의 행위를 직접 높여 언급하기 보
다는 자신이 그 은혜를 받았다(〜いただく)는 표현을 씀으로서 상대방을 완
곡하게 높이는 표현을 취하고 있기 때문이다.

お客さま番号を入力し、「次へ」をクリックしてください。

손님 번호를 입력하고 '다음'을 클릭해 주십시오.

お手続きについてご不明な点があるかたは、こちらをお読み下さい。

절차에 관해 불명확한 점이 있으신 분은 이쪽을 읽어 주십시오.

インターネット用暗証番号は半角でご入力ください。

인터넷용 비밀번호는 반각으로 입력해 주십시오.

(ら)れる

　꾸준히 영역을 넓혀 온 존경 조동사인 れる、られる는 현대어의 경어에서 널리 사용되고 있다. 경어란 본래 많이 사용되는 동사의 경우는 역사적으로 특정한 존경어의 어형들을 갖고 있다. 그 외에 특정어형을 갖지 않은 동사들을 존경어로 만들 때에 체계화된 부가형식들이 사용된다. 그러나 특정어형의 존경어로 표현할 수 있는 경우에도 보통어인 동사에 경어 요소를 부가하여 경어형식으로 사용하는 현상이 늘고 있다. 특히 존경의 조동사 れる・られる는 보통어 동사 이외에 특정어형의 존경어를 갖는 동사에도 붙어서 또 하나의 경어형을 만들어내고 있고 그 편리함으로 사용의 증가를 보이고 있다.

朝の混雑時、駅に向かわれるお客さまのために右側を空けてご通行ください。

아침 혼잡시 역으로 향하시는 손님들을 위해 우측을 비우고 통행해 주십시오.

線路に物を落とされた方は駅務員にお申し出ください。

선로에 물건을 떨어뜨리신 분은 역무원에게 말씀해 주십시오.

2. 겸양어

1) 특정어형의 겸양어

일본어의 겸양어의 대표적인 경어형식은 존경어와 마찬가지로 특정어형의 겸양어와 부가형식으로 나타나는 겸양어의 두 종류로 나눌 수 있다. 존경어와 마찬가지로 특수어형의 사용은 상대방을 높이기 위해 사용하는 申し上げる, 差し上げる, 伺う 등의 몇 가지를 제외하고는 겸양어의 본연의 임무를 하고 있다고 보기 힘들며, 청자를 배려하고 장면에 맞게 자신의 품위를 나타내기 위해 사용하는 경향을 보이고 있다(参る, 申す, 致す). 이 점은 고전의 경어에서 근대경어까지의 경우 겸양어로서의 용법과 정중어로서의 용법을 병용해 오던 겸양어 어휘들이 현대어에서는 겸양어의 색채를 잃고 정중어의 색채가 강해진 것을 의미한다. 그러나 실제로는 자신을 낮추는 겸양어의 의식도 남아있으므로 아직도 겸양어와 정중어로 나누어도 무리가 없어 보인다.

もうしあげる(申し上げる)

経営を立て直したほうがいいと前から申し上げているのですが。

경영을 다시 세우는 것이 좋다고 전부터 말씀드리고 있습니다만.

ぞんじる(存じる)

おっしゃることはごもっともとは存じますが…。

말씀하시는 것이 지당하시다고는 생각하고 있습니다만.

ぞんじあげる(存じ上げる)

あの方のお顔はよく存じ上げております。

저 분의 얼굴은 잘 알고 있습니다.

おる

ご活躍はいつもテレビや雑誌で拝見しております。

활약하시는 것은 항상 텔레비전이나 잡지로 보고 있습니다.

お目にかかる

ぜひ一度お目にかかりたいのですが。

꼭 한번 뵙고 싶습니다만.

うけたまわる(承る)

よろしければわたくしがご用件を承ります。

괜찮으시다면 제가 용건을 받겠습니다.

うかがう(伺う)

ゴルフをなさるとうかがいましたが。

골프를 하신다고 들었습니다만.

いたす(致す)

今月は、休まず営業いたします。

이달은 쉬지 않고 영업합니다.

いただく(頂く)

もう充分いただきました。

벌써 충분히 먹었습니다.

かしこまる(畏まる)

- すいません、B1押してもらっていいですか。(저, B1 좀 눌러 주세요)
- B1、かしこまりました。(B1. 알겠습니다.)

さしあげる(差し上げる)

630円以上お買い上げのお客様にオリジナルデザインの食器を差し上げます。

630엔 이상 구매하신 손님께는 오리지널디자인의 식기를 드립니다.

まいる(参る)

きょうはお願いがあってまいりました。

오늘은 부탁이 있어 왔습니다.

2) 부가형식

겸양어의 부가 형식은 お~する의 부류와 お~いただく、~さしあげる의
부류가 있다. 각 겸양어의 특징은 다음과 같다.

お(ご)~する, お(ご)~いたす

お(ご)~する는 가장 일반적으로 많이 쓰이는 겸양어 형식이며 더 경의
가 높은 것으로 お(ご)~いたす가 있다. 그런데 이 형식은 모든 동사를 겸
양표현으로 만들 수 있는 것이 아니며 동사 중에서도 상대방과의 관계를
내포하는 동사를 형식화하여 겸양표현으로 쓰는 것이다. 그러므로 일반
적으로 자신의 행동에 국한되는 동사로는 이 경어형식을 만들지 않는다.

郵便番号に関するさまざまな疑問にお答えします。
우편번호에 관한 다양한 의문에 답해드립니다.

様々なシーンでご活用いただける多彩なサービスをご案内いたします。
다양한 장면에서 활약할 수 있는 다채로운 서비스를 안내해드립니다.

お(ご)~申し上げる

お(ご)~申し上げる의 申し上げる는 '말하다'의 뜻의 겸양어이나 부가형
식 お(ご)~申し上げる의 형태로 쓰일 때에는 お~する보다 경의가 높으며
격식 있는 경우에 쓰인다.

喪中につき、新年のご挨拶をご遠慮申し上げます。
상중이므로 신년 인사를 삼가드립니다.

～ていただく・お～いただく

～ていただくの いただく는 다른 사람으로부터 물건을 '받다'는 뜻의 동사
인데 다른 동사의 뒤에 보조동사로 쓰일 때는 경의의 대상이 해주는 행
위를 (고맙게) 받는다는 의미를 지니게 된다. 완곡하게 상대방에게 은혜를
전하는 분위기의 이 표현은 현대 일본어 경어의 주역이 되어 있다. 한편,
은혜적이지 않은 경우에도 화자가 본인의 품위를 위해서 사용하기도 한
다. 이 형식은 동사의 종류에 크게 제약을 받지 않으므로 널리 쓰이게 되
었다.

佐伯さんに渡していただきたいものがあるんですけど、お願いできますか。
사에키씨에게 드리고 싶은 것이 있는데 부탁드려도 될까요.

会員専用サイトでは以下の便利な機能や情報がご利用いただけます。
회원전용 사이트에서는 이하의 편리한 기능과 정보를 이용하실 수 있습
니다.

～させていただく

～させていただく는 화자의 행동을 나타내는 최고 단계의 겸양 표현이다.
본래의 사용은 어떤 행위를 행함에 있어 상대방의 양해를 얻고자 할 때
쓰이거나 혹은 자신의 행위가 상대방의 덕분에 이루어질 수 있었다는 뜻
을 표현하기 위해서 사용되었다고 하겠다. 그러나 의례적인 표현으로 사
용하는 경우가 늘면서 させていただく는 점점 사용범위를 넓히고 있다.

いらっしゃいませ。係員がご案内させていただきます。
어서 오세요. 담당자가 안내해드리겠습니다.

料金は口座の預り金から<u>控除させていただきます</u>。

요금은 계좌의 예치금에서 공제하겠습니다.

참고

~させていただく

~させていただく는 실제 언어운용 면에서는 ~させていただけませんか, ~させていただけないでしょうか와 같이 완곡한 표현을 쓰지 않으면 오히려 상대방의 기분을 거스르게 한다. 부드럽게 표현하지 않고 ~させていただきます와 같이 사용하면 화자의 일방적인 의사표시가 되는 일이 많다. 일본의 상가에서는 일방적으로 정기휴일을 정하는데, 안내문에는 本日は休業させていただきます(오늘은 휴업합니다)라고 적혀 있다.

~てさしあげる

~てさしあげる의 さしあげる는 '드리다'라는 뜻의 겸양어인데 다른 동사의 뒤에 와서 보조동사로 사용되면 '상대방을 위해서 그 행동을 해 드리다'라는 은혜를 포함한 뜻이 된다.

店内にお客様がお探しの商品が無い場合、その商品を置いている近所の店を<u>教えて差し上げなさい</u>。

점내의 손님이 찾고 계시는 상품이 없는 경우 그 상품을 취급하고 있는 근방의 가게를 알려드리세요.

～てさしあげる

あげる는 근대에 사용되나 현대에서는 경의가 저하되어 겸양어라고 보기 어렵다. 더 겸의도가 높은 것이 '드리다'의 뜻인 さしあげる인데 ～さしあげる와 같이 보조동사로 쓰면 본래 지니는 대우가치와 상관없이 '상대방을 위해서 그 행동을 해 드리다'라는 은혜를 입히는 뜻이 된다. 그런 표현은 일본에서는 상대방을 심리적으로 불편하게 하여 실제로는 별로 사용하지 않는 겸양어형식이다.

다음은 다른 사람의 이사를 도와 드리겠다는 표현의 경우이다.

手伝ってさしあげます。(?)

お手伝いします。(O)

3) 정중어 1

화제의 인물의 동작 등에 대한 직접적인 경어표현이 아니라 화자가 청자를 의식하며, 정중한 언어선택을 함으로써 분위기를 품위 있게 만드는 것이다. 현대어에서는 많이 발달되어 있는 부분이다.

参る, 申す, いたす, おる 등은 고어의 경어에서는 특정어형의 겸양어로 사용되었지만 시대와 더불어 정중어화 하였고 현대어에서는 정중어로서의 용법이 더 일반화 되어 있다.

まいる (参る)

まもなく、一番線に、各駅停車・目黒行が参ります。

이제 곧, 1번 홈에 완행 메구로행이 들어옵니다.

もうす(申す)

降って、地固まる、と申します。
'비온 뒤에 땅이 굳어진다' 라고 말합니다.

いたす(致す)

2番線を急行電車が通過いたします。
2번 홈을 급행열차가 통과하겠습니다.

おる

ユーザ登録頂いた際の、電子メールアドレスに誤りなどがあり、返信できない
で戻ってきてしまう方がおられます。
유저 등록해 주셨을 때의 전자 메일주소의 오류 등이 있어 송신하지 못하
고 돌아오는 분이 있습니다.

4) 정중어 2

화제의 인물에 대한 경의와는 별도로 청자에 대해 직접적인 경의를 표
하는 청자경어이다. 현대어에서는 청자경어(대자경어, 대화경어)라 칭하지
만 여기서는 따로 구분하지 않고 정중어 2로 취급한다. 현대어에서의 청
자경어는 です·ます와 です보다 정중한 でございます를 말한다. 현대어에
서 です,ます의 사용법 중 가장 일반적인 것은 문말에 쓰는 것이지만, で
す·ます는 문의 중간에 쓰기도 한다. 또한, ますです, ますでしょう와 같이
ます와 です를 겹쳐서 쓰기도 한다.

です

こんにちは。井本ゆみこ<u>です</u>。
안녕하세요. 이모토유미코입니다.

ます

みなさん、ほんとうにお世話になり<u>ました</u>。
여러분 정말 신세 많이 졌습니다.

でございます

開店のお時間<u>でございます</u>。
개점 시간입니다.

5) 미화어

자신의 품위를 나타내기 위해서 사물을 미화해서 표현하는 것이다. 존경어, 겸양어 이외에, 상대방을 의식하지 않는 장면에서도 사용하는 お, ご의 사용법을 일본에서는 미화어라고 칭한다(お花, お箸, お鍋, お金 등).

이 경우의 お, ご는 상대방에 대한 경의의 표현이 아니고 화자 자신의 교양과 품위를 나타내기 위해 사용하는 것이다. 흔히 요리어나 여성어라고 할 정도로 お, ご는 여성의 일상생활과 밀접한 관련이 있는 것에 붙여서 사용한다. 그러나 일본어의 경어행동에 있어 이러한 お, ご의 적당한 사용은 말하는 사람의 품위를 나타내지만 과용하면 오히려 자신의 품위를 떨어트리게 되는 경우가 생긴다.

미화어 お,ご의 사용례

お,ご는 다음과 같은 경우에 많이 쓰인다.

요리 : おみず(水), おしお(塩), おす(酢), おにく(肉)

미용 : おしゃれ, おしろい, お手入れ, おめかし, お色, おぐし, お化粧

신체 : おなか(腹), お顔(かお), おくち(口), おしり(尻), おて(手)

복장 : おえり(襟), おそで(袖), おぼうし(帽子), おくつ(靴)

주거생활 : おにわ(庭), おへや(部屋), おてあらい(手洗), おふろ(風呂)

교양·교습 : おけいこ(稽古), おはな(花), おちゃ(茶), おこと(琴)

육아 : お産, おめでた, おむつ, おしめ, おねんね, おままごと

상업 : おつり, おかんじょう(勘定), おかいどく(買得), おかいけい(会計)

二. 호칭, 인물, 사물 관련 표현

1. 인칭대명사

현대의 자료에 보이는 인칭대명사로는 다음과 같은 것들이 있다.

1인칭	わたくし わたし われら あたし ぼく わが輩 じぶん
2인칭	あなた あんた おまえさん おまえ きみ ごじぶん
3인칭	あちら あのかた かれ かのじょ(女) こちら このかた そちら そのかた
부정칭	だれ どなた どのかた どちら

근세까지는 신분과 위상에 따라 다양한 인칭대명사가 사용되었는데
근대에는 신분제도의 타파 등 제도의 변화와 전국적인 교육에 의해 규범
화되므로 대우표현에 변화가 일어나는데 그 중에 인칭의 간략화는 매우

주목할 만한 점이다. 1인칭으로는 ぼく가 지식인 남성들이 친한 관계에서 2인칭 きみ와 함께 사용하였다. 또한 종래부터 사용되던 2인칭 おまえ、お まえさん은 경의의 저하로 상위자에게 쓰이지 않게 되는 등 변화를 가져오며, 가장 주목할 것은 손윗사람에게는 2인칭대명사를 사용하기 힘들어졌다는 점이다.

2. 접두어

1) お, ご

일본어의 경어접두어 お, ご의 사용은 매우 특징적이다. 흔히 お, ご는 미화어라고 하여 어떤 어휘에나 붙여 사용할 수 있다고 생각하기 쉽지만, 그 쓰임새는 실로 다양하며 제약을 받는 경우도 있다.

(1) 존경어: 상대방에 관한 사항에 사용하는 것

본래 お, ご는 상대방의 소유물, 상태, 행동을 나타내는 말에 붙었던 것으로 현대어에서도 그대로 쓰이고 있다. 또한 명사, 동사, 형용사, な형용사, 부사 등에 붙어 사용된다.

(a) 명사: お客様　お声　御用
(b) 형용사: お優しい　お忙しい　お美しい　おきれいな方　お嫌い
(e) 부사: ごゆっくり

(2) 겸양어: 화자 자신에 관한 사항에 사용하는 것

お, ご는 현대어에서는 용법이 다양해져서 화자가 자신의 행동이나 상태를 나타내는 데에도 사용한다. 주로 상대방과 관련을 갖는 사물이나 상태에 쓰이며 자기의 소유물 등에는 붙이지 않는다.

(a) 명사 ： ご案内(します), ごあいさつ(遅れました)

(b) 형용사 ： お恥ずかしい(限りです)

※ お手紙, お電話, お返事, ご連絡 등은 존경어와 겸양어의 양면으로 사용된다.

3. 그 외의 접두어

1) 존경어

한자어 앞에 붙어 '훌륭하다, 좋다'는 뜻을 나타내는 것으로는 高(高名), 貴(貴社), 尊(尊宅), 令(令嬢), 芳(芳名), 賢(賢答) 등이 있다.

2) 겸양어

한자어 앞에 붙어서 '작다, 시시하다'는 뜻의 겸양의 뜻을 나타내는 것으로는 小(小宅), 愚(愚息), 粗(粗品), 拙(拙宅), 弊(弊社), 拝(拝受)등이 있다.

참고

お(고유어), ご(한자어)

お, ご의 구분은 일반적으로 お는 일본고유어에 접속하고 ご는 한자어에 접속하는데 현대어에 있어서는 예외도 많다. 즉 사용빈도가 높은 어휘일수록 お가 붙는 경향이 있다.

お＋고유어	お名前, お花, お招き, お知らせ
お＋한자어	お電話, お返事, お宅
ご＋한자어	ご住所, ご案内, ご招待, ご通知
ご＋고유어	ごゆっくり, ごもっとも

* お, ご 두 가지 다 쓰이는 경우도 있다. お返事・ご返事

4. 접미어

현대에 사용되는 경의를 표하는 접미어로는 さん, さま(樣), どの(殿), し
(氏) 등이 있다.

さん : 현대어에서 가장 일반적인 존경접미어이다. さん은 인명뿐이 아
니고 직업명, 직장명에도 붙이는 등 광범위하게 사용되고 있다

さま(樣) : 경의가 높은 것으로 さま를 쓰지만 서간문이나 은행 등 고객을
상대하는 경우에 주로 쓰이고 있다.

どの(殿) : 현대어에서는 문서에 쓰며 직접 대화체에서 사용하지는 않는다.

し(氏) : 주로 신문 등의 문장체에서 쓰는 제3자에 대한 칭호이다.

3부

일본어 경어사를
이해하기 위한
참고 사항

◀ 2방면경어 ▶

　일본어의 현대어는 청자만을 배려하는 경어 사용을 한다. 그러므로 화제의 인물에 대한 경의와 청자에 대한 경의를 동시에 표현하는 일은 거의 없다. 그러나 신분의 상하관계가 확실하던 시대에는 신분에 맞는 경어 사용을 했으므로 청자와 화제의 인물과의 상하관계가 정해진다. 그러면 [화자 〈 동작주 〈 동작을 받는 인물]의 상하관계에 맞추어 화자는 겸양어와 존경어가 동시에 사용하여 동작주와 동작을 받는 인물을 동시에 높이게 되는 것이다. 이 때 어순은 항상 〈겸양어+존경어〉로서 어순이 바뀌는 일이 없었다.

　'～왕에게 편지를 올리신다'는 뜻의 다음의 예문은 가구야히메가 동작주이고 그 동작을 받는 동작의 객체는 왕인 경우이다.

　かぐや姫…おほやけに御文奉りたまふ。　　　　　　　（겸양어+존경어）

　가구야히메…왕께 글을 올리신다.

　たまふ : たまふ는 존경어의 보조동사로 사용되어 글을 올리는 행위 수체인 가구야히네를 높이고 있다.

　奉る : 가구야히메의 행위에 '드리다'의 뜻인 겸양어를 사용하여 행위의 객체인 왕을 높이고 있다.

　이로서 다케토리이야기(竹取物語)의 작자는 동작주인 가구야히메와 왕에게 동시에 경의를 표하는 2방면 경어를 사용하고 있다.

　이러한 경어사용법은 상하라는 개념을 가질 때에 사용할 수 있는

데 일본의 근대어에도 그 예가 보인다. 화자는 청자에게는 존경어 お〜なさい(なさる의 명령형)를 쓰고 그 남편에겐 청자의 동작을 겸양어인 あげる를 나타냄으로서 두사람에게 다 경어를 쓰고 있다.

　　　マアもう些と御亭主さんの傍に居て顔を視せてお上げなさい。

(겸양어+존경어)

　　좀더 남편 옆에서 얼굴을 보여 드리세요.

　　한편 이러한 경어법은 한국어에서는 일반적으로 쓰이고 있는 것이다. 아래의 예는 [화자 〈 김선생님 〈 교장선생님]의 관계에서 화자는 김선생님의 행위에 겸양어 '드리다'를 씀으로써 교장선생님을 높이고 김선생님 행위에는 또한 -시-를 씀으로써 2방면으로 다 경의를 표하는 것이다.

　　김 선생님께서 교장 선생님께 꽃다발을 드리셨다.

겸 + 존

◀ 절대경어에서 상대경어로 ▶

일본에서는 흔히 일본어의 현대경어는 상대경어, 한국어의 경어는 절대경어로 그 특징을 구분 짓는다. 일본어는 화제의 인물인 제3자가 청자 측 인물일 때에는 높이고 화자 측 인물일 경우에는 청자를 배려하여 낮추어 표현할 정도로 청자 중심의 경어사용을 한다. 반면, 한국어의 경어는 화자가 화제의 인물이 자기보다 상위자인지를 판단하여 그에 상응하는 대우를 하며, 이 때 기준이 되는 것은 주로 연령이다. 또한, 한국어에서는 청자에 대한 경의의 표시는 청자경어에 의해 별도로 나타낸다. 이와 같이 한국어에서는 주로 일정한 기준에 의해 경어를 선택하게 되므로 일본에서는 절대경어(긴다이치 코스케(金田一京助)의 용어)로 칭하기도 한다.

일본의 경어사용의 흐름을 역사적으로 보면, 고전의 경어는 절대경어가 주를 이룬다. 상고의 경어는 신이나 왕 등이 자경표현을 쓸 정도로 절대적 신분의 시대이며 중고는 귀족사회에 있어서의 계층에 따른 경어의 구분이 확립하는 시대이다. 이러한 상하 개념이 경어사용을 좌우하는 절대경어적인 용법은 중세, 근세를 거치면서 오랜 기간 이어져 왔다.

그러나, 한편으로 청자를 배려하는 상대경어적인 의식은 꽤 일찍부터 있었다. 중고의 작품 '마쿠라노소시'(枕草子 제244단)에 다음과 같은 글이 있다.

자기가 부리는 사람이 (주인에 대해) '이러저러하고 계십니다(なにと おはする)' '말씀하시다(のたまふ)'와 같이 말하는 것은 매우 듣기 거북하

다. 그럴 때에는 '-입니다(はべ))'와 같은 말을 쓰게 하고 싶다고 느낄 때가 많다.'

한편 중세의 경어현상을 알 수 있는 자료인 로드리게스의 '일본대문전'(日本大文典)에 당시의 상대경어의 일면을 지적한 것이 있다.

'외부의 사람과 이야기할 경우에는 상위자에 관한 일이라 하더라도 らるる를 사용하는 것 이상으로 높임말을 써서는 안 된다. 그러므로 부하가 그 상관의 일을, 제자가 그 스승의 일을, 자식이 부모에 관해 또한 하인이 주인의 일을 외부 사람과 이야기할 때에는 존경해야 할 사람의 일이라도 그렇게 말해야 한다.'

이는 상대방 앞에서 자기 쪽 사람을 너무 높여서 이야기해서는 안 된다는 상대경어로서의 일면과 자기 쪽이라 하더라도 상위자는 가벼운 존경어를 사용해서 언급한다는 절대경어의 일면도 읽을 수 있는 것이다.

일본의 현대경어의 특징은 청자만을 배려하는 상대경어이지만, 각 장면의 힘의 관계에 의한 경어사용이나 의례적 경어사용으로 바뀌었다. 일본의 경어의 변화는 경어 본연의 역할인 경의를 표해야 할 대상에게 경어를 쓰던 절대경어의 용법에서 청자를 의식한 경어 선택인 상대경어로 변화하여 왔으며 이러한 청자 위주의 의례적인 상대경어의 경향은 점점 더 강해지고 있다고 하겠다.

◀ 신분과 절대 경어▶

【자경표현】

일본의 고전 경어에는 신분에 의해 경어사용도 그 단계가 절대적으로 정해져 있었다. 특히 상고의 경어에는 최고의 지위의 왕이 쓰는 말에 스스로를 높이는 자경표현이 나타난다. 다음의 예는 자경표현의 전형적인 예로서 쇼무(聖武)왕(701~756)이 절도사로 파견되는 세 사람의 신하에게 술을 권하면서 읊은 시이다.

食す国の遠の朝廷に汝等しかく<u>罷り</u>なば平らけく朕は遊ばむ手抱きて朕は

<u>いまさむ</u>　　　　　　　　　　　　　　　　　　　　(万葉集 973)

짐께서 통치하시는 나라의 먼 조정(다자이부)에 그대들이 부임하오면 안심하고 짐은 지내겠지. 아무 일도 없이 짐께서는 계시겠지.

여기에서 왕은 상대방(신하들)의 행동에 겸양어 まかる(罷る 귀한 곳에서 물러나다)를 사용하고 있으며 자신에게는 존경어 います(계시다)를 사용하고 있다. 즉, 왕은 절대자인 자신에게는 존경어를, 상대인 신하들에게는 겸양어를 씀으로써 절대자로서의 권위를 나타내고 있다. 또한 왕이 항상 자경표현을 쓴 것이 아니며 절대자로서의 의식이 강하게 작용할 때에 쓰였다고 한다.

【신분과 경어의 단계】

중고에도 특정한 지위의 왕이나 왕족, 귀족을 대상으로 하여 사용하는 특별한 경어가 있으며 그 또한 단계에 따라 다르다.

이 때 높은 경의도를 나타내기 위해 특정어형의 존경어 동사에 중첩되게 존경의 조동사(る・らる)나 보조동사(召す, たまふ) 등을 부가하여 2중 경어를 만들므로 최고경어라 하기도 한다. 존경어에서는 せ(させ・しめ)給ふ・せ(させ・しめ)おはします 등이 이에 해당한다.

존경어

ⅰ. 왕(상왕 포함)과 왕후에게는 최고의 경어를 사용한다.

① 특정어형의 존경어 +존경 보조동사(めす)

おぼす(생각하시다) +めす→ おぼしめす(思し召す)

② 특정어형의 존경어 +존경 조동사 (す・る)

のたまふ(말씀하시다) +す(존경) → のたまはす (宣はす)

③ せ・させ・しめ+존경 보조동사 (たまふ・おはします)

夜更けぬ先に歸らせおはしませ。　　　　　　　　(源氏物語)

밤이 깊어지기 전에 돌아가시옵소서.

御身は疲れさせ給ひて候ふ。　　　　　　　　　(平家物語)

당신은 피곤하시옵니다.

明石の驛といふ所に御宿りせしめ給ひて…　　　　　(大鏡)

아카시 역이라고 하는 곳에 머무시어…

ii. 일반왕족들에게는 다음 단계의 경어를 사용한다.

특정경어형의 존경어 : おぼす(생각하시다), のたまふ(말씀하시다)

iii. 그 이하의 계층에게는 가벼운 경어를 사용한다.

보통어 동사 +존경 보조동사(たまふ 등)·존경 조동사(る)

おもふ(생각하다) +たまふ→ おもひたまふ(思ひ給ふ)

いふ(말하다) +る(존경)→ いはる(言はる)

겸양어

ⅰ. 왕(간혹 상왕)에게 '말씀드리다'는 행위를 최고의 겸양어로 표시
한다.

奏す : かぐや姫をえ戦ひとめずなりぬること、こまごまと奏す。

(竹取物語)

(대장은 왕에게) 가구야히메를 싸워서 지킬 수 없었던 일등을 자세
히 아뢰었다.

ⅱ. 왕비, 동궁 등 특별한 대상에게 '말씀드리다'는 행위를 표시한다.

啓す : 御前にまゐりて、ありつるやう啓すれば、　　　(枕草子)

(중궁)의 앞에 가서 있었던 일을 말씀드리니,

◀ 존경 접두어 御의 변천 ▶

'御'는 중고 이후의 문헌에는 ご, ぎょ, み, おほん, おん, お로 읽어
진다.

    み · おほん · おん · お : 일본 고유어에 접두하며,

    ご · ぎょ : 중고 이래로 한자에 붙는다.   (御製, 御物)

お의 성립은 おほみ→おほん→おん→お로 변했다는 설이 일반
적이다.

おほみ : 상고의 자료에 나타나는 존경접두어로는 おほみ(大御)가
있다. おほ(大), み(御) 둘 다 존경접두어인데 합쳐진 おほみ는 최고
의 존경접두어로서 신이나 왕에 관한 일에 사용되었다.

   大御門(おほみかど : 궁전), 大御酒(おおみき : 왕이나 신에게 올리는 술)

み : み는 상고시대에 사용되던 존경접두어이다. 중고가 되면 おほ
ん이 많이 사용되게 되며 み는 점차로 쇠퇴하게 된다.

   御門(みかど : 왕, 궁전, 궁전의 문), 御国(みくに : 나라 · 일본의 경칭) 御幸
   (みゆき : 왕의 행차)

おほん(おおむ) : 중고에는 御라고 표기되어 있는 것들을 おほん(お
ほむ), おん, ご, ぎょ, み로 읽고 있다. 그 중에 おほむ · おほん은 신,
불, 왕에 관한 명사에 접두되어 존경의 뜻을 나타낸다.

おん : おほん의 약어로서 중고 말기에 おほん이 おん이 되었다고
보고 있다. 중고의 자료들에는 한자 御로 표기되어 있으나 후기까지
는 おほん으로 말기에는 おん으로 읽었을 것이라고 추정하고 있다.

お : 중고에는 おん이라고 하던 것이 중세후기에는 お로 되지만 문
어에서는 おん이 여전히 사용되며 현대어에서도 おん礼 등으로 정중
도 높은 문어로 사용되고 있다.

ご : 한자어에 접두하여 존경의 뜻을 나타낸다. 중고에 이미 예가
보이며 현대어까지 한자어에 붙는 존경접두어로 이어지고 있다.

ぎょ: ぎょ는 한자어에 접두하여 존경의 뜻을 나타내지만 소수의 한
자어에만 사용되어 제한이 있었다.

◀ いらっしゃる는 존재와 이동의 존경어(?) ▶

현대일본어의 いらっしゃる는 존재를 나타내는 いる와 왕래 즉 이동을 나타내는 いく, くる의 존경어로서 같은 형태를 취하고 있다. 이처럼 존재와 이동을 나타내는 존경어가 동일한 것은 고어에서 현대어까지 일관되게 일어나고 있다.

【ます・います・おはます】

상고에 '있다' '가다' '오다'의 뜻의 존경어로 사용되며 중고를 거쳐 중세에도 그 용법의 자취를 남기고 있다.

【おはす・おはします】

중고가 되면 おはす・おはします가 ます・います를 대신하여 '있다' '가다, 오다'의 뜻의 존경어로 사용된다. 한편으로는 おはす는 정중어의 용법으로도 사용된다.

【ござる】

중세가 되면 ござる가 새롭게 '있다' '가다, 오다'의 뜻의 존경어로 등장한다. 한자어 座와 존경형식인 ご~ある가 결합되어 생긴 이 ござる는 여러 가지 유형을 보이며 존경어의 용법 이외에 정중어로도 사용되기 시작한다.

【いらっしゃる】

근세가 되면 ござる의 용법은 존경어에서 멀어지며 이를 대신하여 い

る와 존경조동사 しゃる가 결합되어 생긴 いらっしゃる가 '있다', '가다, 오다'의 뜻의 존경어로 등장한다. 현대어에까지 이어지는 존경어 いらっしゃる는 본동사와 보조동시로 다 사용되고 있다.

이처럼 상고에서 현대에 이르기까지 ます류·おはす·ござる·いらっしゃる와 같이 새로운 존경어의 형태를 만들어내면서도 일관되게 존재와 이동의 존경어는 공유되고 있다. 단 いらっしゃる는 원형이 いる에서 시작되었듯이 사물이 아닌 사람의 존재를 나타내게 되었다. 이러한 존경어의 공유는 사람의 존재의 유무보다는 이 세 가지를 왕래를 나타내는 '가다, 오다', 그 자리에 멈춰 있다, 는 동작의 연속성으로 보는 발상에서 비롯된 것이라 생각된다.

◀ 일본어 청자경어(정중어 2)의 역사(1) ▶

현대어에서의 청자경어는 です・ます와 です보다 정중한 でござい
ます를 말한다. 이러한 청자경어의 싹은 이미 중고시대에 보이기 시
작하며 이후 중세와 근세를 거치면서 정중어의 색채가 강해지며 근
대, 현대에는 그 용법이 청자경어로 응집되어 나타나게 된다. 이제
중고부터 정중어 2(청자경어)의 변천을 보기로 한다.

【~はべり(侍り)】 : 중고부터 쓰이는 侍り는 '곁에서 모시다'는 뜻
으로 동작의 대상을 높이는 겸양어이었다. 그러나 보조동사로도 사
용되며 겸양어의 용법이라고 보기 어려운 정중어의 용법들이 나타
난다. 아래의 예는 '밤'이라는 사항에 사용된 것으로 정중어로서의
예라 하겠다.

はや渡らせ給ね。夜更け侍りぬ。　　　　　　　　　　　(榮花物語)
어서 건너가십시오. 밤이 늦었사옵니다.

【~さぶらふ(候ふ)】 : はべり는 중세가 되면 경의도 저하되고 세
력도 약해진다. 대신 候(さぶら)ふ는 중고 말기부터 세력을 얻으며 さ
ぶらふ가 음변화한 さうらふ는 중세 이후에 쓰였다. 또 さぶらふ는 후에
남성은 さうらふ, 여성은 さぶらふ로 차이를 보인다. さうらふ는 さう, そう,
す를 파생시키며 한편으로는 そろ를 파생시키며 구어체에서 사라져
간다.

感涙おさへがたうこそさうらへ。　　　　　　　　　　　(平家物語)

감격의 눈물을 금할 길이 없습니다.

【ござる】 : 중세에 나타나는 ござる의 유형들은 '가다, 오다' '있
다'의 뜻의 존경어의 용법이었으나 그 경의는 낮아지며 보조동사로
사용될 때는 정중어로서의 용법을 보인다. 또한 ござる는 정중어로
전이되어 候う 계통과 교체된다.

まことにこれでござる。　　　　　　　　　　　　(狂言　煎物)

바로 이것입니다.

【ござり(い)ます】

　또한 ござる는 겸양어에서 정중어로 경어의 전이를 일으킨 まする
와 합치되어 경의도를 높이고 있다. 중세에서 시작하여 근세에는 많
이 사용되며, 현대어에까지 이어져 ございます의 형태로 경의가 높은
정중어 2(청자경어)로 사용된다.

◀ 일본어 청자경어의 역사(2) −ます− ▶

【～まゐらす(る)】

'드리다'의 뜻의 겸양어 まゐらす는 보조동사로도 사용되는데 중세 후기에는 정중어의 용법으로 기울며 まらする로 변해간다.

> その御返し、たよりあらばと、心にかけまゐらせつるを、……(十六夜日記)
> 그 답가, 소식이 온다면하고 마음에 두고 있는데

【～まらする】

まゐらす에서 변한 まらする는 중세 후기부터 모습을 보인다. 보조동사로 사용되던 まらする는 직접 동사의 연용형에 붙는 예가 많아지며 현대어의 청자경어 ます의 원류의 역할을 한다. 같은 부류의 まっする・まする 등은 근세 초기이후 나타나며, 근세 중기에는 다른 활용형 ましょう, ました 등의 예도 보인다.

> 此五六日以前に、かぶきの大将が死ニまらした。　　　(寒川入道筆記)
> 바로 5, 6일 전에 가부키 우두머리가 세상을 뜨셨습니다.

【～ます】

ます의 생성과정은 まゐらす→まゐらする→まらする(まいする)→まつする →ます의 과정을 거쳤다고 보는 것이 일반적이다.

◀ 일본어 청자경어의 역사(3) -です-▶

근세에는 いす·やす·やんす·です·ます 등의 많은 청자경어(정중어 2)의 용법이 생긴다. 특히 이 중의 です·ます는 현대어에 이어져 청자경어 です·ます로 쓰이게 된다.

です는 정중한 뜻을 나타내는 단정의 조동사이다. でげす를 그 전 단계로 보기도 하는데 그 발생에 대해서는 1)であります설, 2)でございます설, 3)で·す설, 4)でおはす설, 5)で候(そう)설이 있다. です는 근세 말기에서 근대초기에 걸쳐서 널리 사용된 것으로 보인다.

그러나 동사에 ます가 붙는 것과 달리 현대어에서 です는 명사 이외에 형용사에도 붙는데 이처럼 형용사에 직접 붙게 된 것은 현대어의 초기에도 흔한 일은 아니었다. 형용사를 정중하게 표현하는 것은 (暑う)ございます와 같이 ございます를 사용하였으며 현대어에서도 이 표현은 품위 있는 말로 사용된다. 한편 현대어에서는 です의 형태로는 형용사에 자유롭게 붙으나 과거형 でした는 형용사에 직접 붙지 않고 형용사를 과거형으로 한 형태에 です를 붙이는 등 제약을 받는다. 한편, です의 활용형에 따라서는 동사에도 붙지만 그 사용은 일률적이 아니다.

暑いでした(△)

暑かったです(○)

◀ 소로문(候文) ▶

중세부터 쓰이던 さぶらふ(候ふ)는 시대가 흐르면서 경의가 저하되어 회화체에서는 사용하지 않게 된다. 그러나 대부분의 중고, 중세의 경어가 역사의 변화와 함께 사라졌지만 さぶらふ는 음의 변화를 계속하며 さう, そう, そろ로 변해가며 오래동안 문서 속에 문말을 정리하는 정중어 2의 역할로서 사용되었다. 근세에 이어 근대 이후에도 외교문서, 서간문을 候로 맺는 문어문체가 유지되었다. 候로 맺는다고 하여 소로문(候文)이라고 하며 회화체의 ます·でございます에 대응되는 문장체로 사용되었다. 활용형을 쓰지 않으므로 과거형 등이 없다.

소로문을 이해하기 위해 몇가지 정해진 유형을 들어 본다.

소로문은 일본어의 한문읽기의 역순 등을 섞어서 쓰인 것이다. 그러므로 소로문을 읽기 위해서는 가장 간단한 한자의 의미를 파악해야 한다.

대명사 : この(此), これ(之·是), その(其), それ(夫) 등

조동사 : そうろう(候), なり(也), や(哉), 如(ごとし), 不(ず), 為(す·さす·たり), 可(べし), 被(る·らる, 등 존경어) 등

あります　　有之候 (これありそうろう)

ありません　無之候 (これなくそうろう)

ございます　御座候 (ござそうろう)

ございません　無御座候 (ござなくそうろう)

いたしません　不致候（致さず候）

いたしております　致居候（致し居り候）

いたしたく思います　致度存候（致したく存じ候）

致さないつもりです，..してはなりません致間敷候　　（致すまじく候）

であるそうです　候由（候よし）

でしょうか　候哉（候や）

なるでしょう　可相成候（相成るべく候）

願います　相願候（願い候）

申します　申候（申し候）

なさって下さい　可被成下候（成し下さるべく候）

申上げます　申上候（申し上げ候）

..ますので　候間（候あいだ）

'잘 부탁드립니다'라는 인사말을 현대어와 소로문을 비교해 보면 다음과 같다.

なにとぞお願い申上げます　何卒御願い申上候

◀ 일본의 언어정책과 경어1(앞으로의 경어) ▶

일본의 국어심의회는 언어정책을 통해 현대 일본사회의 언어순화와 언어생활의 방향을 제시하는 시도의 하나로서 1952년 4월14일 'これからの敬語'를 제시하였는데 여기에서 권하는 경어의 사용은 그 이전의 시대와의 구분을 확실히 하고 있다. 실제로 그 이후의 경어사용은 'これからの敬語'의 방향제시와 상당부분 일치하고 있다.

그 머리말에서 다음과 같이 기본방침을 밝히고 있다.

기본방침 1 : 앞으로의 경어는 지나침이 없도록 주의하며 오용을 바로잡고 될 수 있는 한 명료하고 간결해야 할 것이다.

기본방침 2 : 앞으로의 경어는 각자의 기본적 인격을 존중하는 상호존경에 입각해야 할 것이다.

기본방침 3 : 여성의 경어는…… 서서히 순화됨이 바람직하다.

또 상당히 구체적으로 경어의 사용에 대해서 권유하고 있는데 여기서는 필요한 부분을 발췌하였다. (번호는 원문대로 하였다.)

1. 사람을 가리키는 말

    (1) 자기를 가리키는 말, 1)わたし를 표준형으로 한다.

    (2) 상대를 가리키는 말, 1)あなた를 표준형으로 한다.

2. 경칭, 1) さん을 표준형으로 한다.

5. 대화의 기조

    이제부터의 대화의 기조는 'です・ます'체가 바람직하다.

6. 동작의 말

동사의 경어법에는 대체로 다음의 세 개의 형태가 있다.

형 어례	I	II	III
書く	書かれる	お書きになる	(お書きあそばす)
受ける	受けられる	お受けになる	(お受けあそばす)

제1의 れる・られる의 형태는, 수동의 표현과 혼동하기 쉬운 결점이 있으나 모든 동사에 규칙적으로 붙고, 또한 간단하므로 오히려 장래성이 있다고 인정된다.

제2의 お―になる 형태를 お―になられる라고 말할 필요는 없다.

제3의 형태는 이른바 あそばせことば로서, 앞으로의 알기 쉽고 간소한 경어로서는 머지않아 쇠퇴하게 될 형태일 것이다.

7. 형용사와 です

지금까지 오랫동안 문제가 되어왔던 형용사의 결합형태, ― 예를 들어, 大きいです・小さいです 등은 알기 쉽고 간소한 형태로서 인정되어도 좋다.

12. 맺음말

일반적으로 사회인으로서의 대화는 서로 대등하면서도 경의를 표해야 한다. 이 점에서는 일반대중과 공무원과의 사이에, 혹은 각종 직장에 있어서 직원상호간의 언어사용도 모두 です・ます체를 기조로 한 부드럽고 정중한 형태가 바람직하다.

◀ 일본의 언어정책과 경어2
(현대사회에 있어서의 경의표현) ▶

현대 일본어의 경어는 사회생활의 한 방편으로 사용하게 되어 과잉경어가 이루어지는 등 경어사용에 혼란이 일어나기 시작한다.

이에 1993년 문부대신으로부터 '새로운시대에 맞는 언어사용'에 대한 자문을 받은 일본의 국어심의회는 답신으로 2000년 12월 '現代社会における敬意表現 (현대사회에 있어서의 경의표현)'을 제안했다. 2000년 '현대사회에 있어서의 경의표현'은 상대나 장면을 고려한 언어사용은 경어 이외에도 이루어지고 있는 점에 관심을 갖고, 경어라는 측면 보다는 타인과의 원활한 커뮤니케이션을 위한 배려에 주목하여 '경의표현'을 제시하고 있다. '경의표현'에 관련된 배려의 종류에는 ①인간관계에 대한 배려, ②장면에 대한 배려, ③전하는 내용에 관한 배려, ④ 상대방의 기분이나 상황에 대한 배려, ⑤자기다움을 나타내기 위한 배려 등이 있다.

커뮤니케이션을 원활하게 하기 위해서 여러 가지 배려에 입각한 '경의표현'으로서 말의 형태를 선택하며, 말투, 목소리, 장면이나 상황에 따른 전치표현 등도 잘 선택 사용할 것을 권하고 있다.

그러나, 일본어의 현대경어에서 상대방에 대한 배려는 중요한 화두이지만, 실제 경어운용에 대한 지침은 마련되지 않았다고 보는 시각도 많다.

◀ 일본의 언어정책과 경어3(경어의 지침) ▶

　　문화청의 문화심의회 국어분과회(과거의 국어심의회의 명칭이 바뀜)에서 문부과학대신의 자문에 답하는 형식으로 2007년 2월 2일 「敬語の指針」을 발표하였다. 경어에 관한 정책으로는 3차에 속한다고 할 수 있는 이번 안은 최근에 이르러 더욱 약해진 일본인의 경어의식과 그로 인해 야기되고 있는 경어사용상의 혼란을 바로잡기 위해　하나의 방향 제시로서 만들어진 것이라 하겠다. 가장 규범적인 지침서를 문화심의회 국어분과회가 만든 것으로 그 파급효과는 크며 앞으로의 일본인의 경어사용을 오래 선도할 것으로 전망된다. 이하 간단히 그 취지와 내용을 소개하기로 한다. 가장 특징적인 것은 경어의 분류를 종래의 3분류에서 5분류로 정비한 것이다.

　　「敬語の指針」은 제1장 경어에 대한 인식, 제2장 경어의 구조, 제3장 경어의 구체적인 사용의 3장으로 구성되어 있다. 여기에서는 경어의 구조와 사용에 대해서 들어본다.

　　경어의 종류와 역할

　　(1) 尊敬語　　　　　　　　　(いらっしゃる·おっしゃる 형)

　　(2) 謙譲語 I　　　　　　　　 (伺う·申し上げる 형)

　　(3) 謙譲語 II(丁重語)　　　 (参る·申す 형)

　　(4) 丁寧語　　　　　　　　　(です·ます 형)

　　(5) 美化語　　　　　　　　　(お酒·お料理 형)

제 3장 경어의 구체적인 사용법

　1 존경어(いらっしゃる・おっしゃる형)

　상대방 또는 제삼자의 행위·사항·상태 등에 대해서, 그 인물을 높여서 말하는 것.

＜해당어례＞ :　[행위 등(동사 및 동작성 명사)]

　いらっしゃる, おっしゃる, なさる, 召し上がる

　お使いになる, 御利用になる, 読まれる, 始められる

　お導き, 御出席, (높여야 할 인물로부터의)御説明

　2 겸양어Ⅰ(伺う・申し上げる형)

　자기 쪽에서 상대쪽 또는 제 3자를 향한 행위, 사물, 사항에 대해서 그 향하는 쪽의 인물을 높여서 말하는 것.

　이 종류의 경어는 일반적으로 겸양어라고 불리어 왔는데 여기서는 겸양어Ⅱ와 구별하여, 특별히 겸양어Ⅰ이라고 부르기로 한다.

　＜해당어례＞

　伺う, 申し上げる, お目に掛かる, 差し上げる

　お届けする, 御案内する

　(높여야 할 인물의)お手紙, 御説明

　3 겸양어Ⅱ(정중어)(参る・申す 형)

　자기 쪽의 행위·사물·사항 등을 이야기나 문장의 상대에 대해서 정중하게 말하는 것.

＜해당어례＞

参る, 申す, いたす, おる

拙著, 小社

4 丁寧語(です·ます 형)

대화나 문장의 상대방에 대해서 정중하게 말하는 것.

＜해당어례＞　です, ます

5 미화어(お酒·お料理 형)

사물을 미화해서 말하는 것.

＜해당어례＞　お酒, お料理

※ 본서에서 사용하고 있는 경어분류는 일본어의 경어를 통시적으로 보기 위해 분류한 것이다. (한미경(2004)『일본어의 고전문법』태학사)

이 분류를 敬語の指針의 경어분류와 비교하면 다음과 같다.

敬語の指針	본서의 분류
존경어	존경어
겸양어1	겸양어
겸양어2	정중어 1
정중어	정중어 2(청자경어)
미화어	미화어

시대별 경어 일람표

존경어

어휘 \ 시대	상고	중고	중세	근세	근대	현대
특정 어형의 존경어 — いう	のたぶ きこす	のたまふ たまはす のたうぶ おほす おほせらる	のたまふ おほす おほせらる おしなる おしらる おしゃる いはむ	おほせらるる おしゃる おっしゃる	おっしゃる	おっしゃる
おもう	おもほす おもほしめす	おぼす おぼしめす おもほす	おぼす おぼしめす	おぼす おぼしめす	おぼしめす	
みる	めす	ごらんず	ごらんず ごろうず みそなはす	ごらんず ごらうじる ごらんなさる	ごらんになる ごらんなさる ごらうじる	ごらんになる
きく	きこす きこしめす	きこしめす	きこしめす			
する	せす あそばす	あそばす	なさる(る) あそばす めさる (る) さします	あそばす なさる めさる さしゃる さっしゃる (さ)せらる (さ)せられる	あそばす なさる おしなさる	なさる される

특정어형의 존경어	어휘 \ 시대	상고	중고	중세	근세	근대	현대
	きる	けす	たてまつる めす	めす	めす	めす	おめしになる
	のる		たてまつる	めす めさる	めさる		
	くう, のむ	たてまつる めす をす	まゐる たてまつる めす きこしめす	きこしめす こしめす めす あがる まゐる おまゐる	きこしめす めしあがる めす あがる まゐる	めしあがる あがる	めしあがる
	しる	(다스리다) きこしめす しらす しらしめす をす めす	(알다 다스리다) しろしめす	(알다) しろしめす しろしめさる	しろしめす	ごぞんじ	ごぞんじ
	ねる	なす	おほとのごもる ぎょしんなる	おほとのごもる ぎょしんなる およる	げしなる およる おやすみ	おやすみなさる	おやすみなさる
	くれる				くださる たもる	くださる	くださる
	まねく	めす	めす	めす	めす		

특정 어형의 존경어

어휘 ＼ 시대	상고	중고	중세	근세	근대	현대
おきる			おひんなる	おひんなる		
あたえる	たまふ たぶ	たまふ たまはす たぶ たうぶ	たまふ たぶ たまはす たばす たまはる たまうる くださる			
いく, くる					いらっしゃる おいでなさる 見える	いらっしゃる おいでになる 見える
いる					いらっしゃる おいでだ	いらっしゃる
いる, ある, いく, くる	ます います おほまします	おはす おはします ます います まします いまさうず いますかり	います まします おはす おはします わす わする わたらせたまふ ござある ござる おぢゃる おりある おりゃる なり	おはす わせる ござる ござりんす おぢゃる おりない いらっしゃる		

어휘 ＼ 시대		상고	중고	중세	근세	근대	현대
부가형식의 존경어		ます います ~たまふ ~たぶ ~す	~たまふ ~たぶ ~ます ~います ~おはす ~おはします る らる す(하2단형)· さす しむ + 존경보조동사	~おはす ~おはします ~ます ~まします ~たまふ ~たぶ ~させたまふ ~てくださる(る) 御~なさる(る) ~なさる(る) (御)~あり(ある) 御~なし (御)~やる (御)~なる ~ござる る らる ~(さ)せらる ~(さ)せられる ~さします	~ていらっしゃる ~たまふ ~てたまはる ~てたもる ~てくださる(る) 御一くださる(る) ~てくださんす ~てくだんす 御~あそばす ~さっしゃる 御一めさる(る) 御~なさる(る) ~なんす ~なます (御)~ある (御)~やる ~(さ)せらる ~(さ)せられる ~(さ)しゃる(る) ~さっしゃる(る)	(お)~なさる 御~あそばす ~て(で)いらっ しゃる おいでだ ~てくださる (御)~になる 御~ある お~だ お~です (ら)れる	お(ご)~になる お(ご)~なさる お(ご)~される お~だ(です) ~てくださる お(ご)~くださる (ら)れる

시대 어휘	상고	중고	중세	근세	근대	현대
부가형식의존경어				~(さ)しゃんす ~(さ)んす やんす (ら)る (ら)るる (御)~になる (御)~ぢゃ (御)~だ (御)~でござり(います)		

겸양어

특 정 어 형 의 겸 양 어

어휘＼시대	상고	중고	중세	근세	근대	현대
いう	まをす まうす	まうす きこゆ きこえさす そうす けいす	まうす まうしあぐ	まうしあぐる	まうしあぐる まうす	もうしあげる
おもう, しる			ぞんず	ぞんずる	ぞんじる	ぞんじる ぞんじあげる
みる			はいけんする	はいけんする	はいけんする(いたす)	はいけんする(いたす)
あう			おめにかかる	おめにかかる	おめにかかる	おめにかかる
きく		うけたまはる	うけたまはる うかがふ	うけたまはる	うけたまはる うかがふ	うけたまわる うかがう
する	つかへまつる	つかうまつる	いたす まうす つかまつる	いたす つかまつる	いたす つかまつる	いたす
くう, のむ	たまふ	たぶ たうぶ	たぶ たうぶ いただく くださる	たぶ いただく くださる	いただく	いただく

	어휘 \ 시대	상고	중고	중세	근세	근대	현대
특정어형의 겸양어							
	承知(しょうち)する		うけたまはる	うけたまはる かしこまる	うけたまはる かしこまる	うけたまはる かしこまる	うけたまはる かしこまる
	あたえる	まつる たてまつる	たてまつる まゐる まゐらす	たてまつる まゐらす おまらす おます しんず あぐ	さしあぐる あぐる おます(る) まいらす 進ずる たてまつる	あげる さしあげる	さしあげる
	もらふ	たまふ たぶ たばる たまはる	たまはる	たまはる いただく ちゃうだい	いただく	いただく	いただく
	いく くる	まゐる まかる まゐづ	まゐる まうづ まかる まかづ さんず	まゐる まかる さんず	まゐる さんずる あがる うかがふ	まゐる うかがふ あがる	まいる
	いる ある		はべり さぶらふ	はべり さぶらふ	をる さぶらふ はべり	おる	おる

시대 어휘	상고	중고	중세	근세	근대	현대
부가 형식의 겸양어	~まをす ~まつる	~たてまつる ~まゐらす　まうす ~きこゆ きこえさす ~たまふ	~たてまつる ~まゐらす ~まゐする ~まらする ~おまらする おます ~まうす ~いたす つかまつる ~たまふ ~はべり ~さぶらふ まかり~	~あぐる ~さしあぐる (御)~いたす (御)~まうす 御)~まうしあぐる ぐる ~たてまつる ~しんずる ~おます(る) ~まゐらす ~ます ~ていただく ~てをる まかり~	~てあげる てさしあげる 御~まうす 御)~まうしあぐる ぐる お~する お~いたす ~ていただく ~させていただく	お(ご)~する お(ご)~いたす 御)~もうしあげる ぐる ~ていただく お(ご)~いただく ~させていただく ~てさしあげる

정중어

어휘 \ 시대	상고	중고	중세	근세	근대	현대
정중어1		はべり さぶらふ まうす まかる つかまつる	さぶらふ まゐる まうす つかまつる ござある ござる ごさります	まうす いたす まゐる おる ござる ござ(い)ります ござない おりない おぢゃる	まうす いたす をる まゐる	まゐる もうす いたす おる
정중어2 (청자경어)		はべり さぶらふ	さぶらふ まゐらす まらする ござある ござる	いす やす(やんす) でえす でゑんす でげす ます です ござある ござ(い)ります ござりんす	ます です でございます	です ます でございます

【시대별 자료명】

상고

こじき
古事記

しょく にほん ぎ
続日本紀

たかはし うじぶみ
高橋氏文

にほん しょき
日本書紀

のりとくど
祝詞久度

ぶっそくせきか
仏足石歌

まん ようしゅう
万葉集

중고

い せ ものがたり
伊勢物語

う つ ほ ものがたり
宇津保物語

えい が ものがたり
榮花物語

おおかがみ
大鏡

おちくぼ ものがたり
落窪物語

か げ ろうにっき
蜻蛉日記

げん じ ものがたり
源氏物語

こきん わ か しゅう
古今和歌集

こんじゃくものがたり
今昔物語

さごろも ものがたり
狭衣物語

さら しな にっき
更級日記

たけ とり ものがたり
竹取物語

と さ にっき
土左日記

まくら の そうし
枕草子

むらさきしきぶにっき
紫式部日記

중세

い ざよい にっき
十六夜日記

い そ ほ ものかたり
伊曾保物語

いままいり
今参

いぬ やま ぶし
犬山伏

う じ しゅうい ものがたり
宇治拾遺物語

えん きょうたい へいき
延慶太平記

おおかがみ
大鏡

おか た ゆう
岡大夫

お とぎ ぞうし
御伽草子

お ゆどののうえの にっき
御湯殿上日記

かん ぎん しゅ
閑吟集

ぎ けいき
義経記

きょう げん き
狂言記

ぐ かんしょう
愚管抄

(ちかまつ)
近松

こ かつじ はん ほう げん
古活字本保元

こきん のう きょう げん　うつけ ざる
古今能狂言・靭猿

こ ほん せつ わ しゅう
古本説話集

こんじゃく もの がたり
今昔物語

さぬきのすけ にっき
讃岐典侍日記

し かい にっかい
四海入海

じ ぞうまい
地蔵舞

しゃ せき しゅう
沙石集

しゅ てん どうじ
酒呑童子

たい へいき
太平記

ちゅう か じゃく ぼく
中華若木

ちゅうか じゃくぼく し しょう
中華若木詩抄

つれ づれ ぐさ
徒然草

とうげん しょう
桃源抄

とはずものがたり

どん太郎

中務内侍日記　　ぬし　　　　　　信光の能　　　　　安宅

平家物語　　　平治物語　　　保元物語　　　増鏡

まんぢう　　　蒙求抄　　　　柳樽　　　　　謡曲

근세

あみだ詣　　　生玉心中　　　色深狭睡夢　　　遊小僧

浮世床　　　　浮世風呂　　　浮世物語　　　雨月物語

江戸生艶気樺焼　恵比良濃梅　　幼稚子敵討　　多荷論

お染久松色読販　折たく柴の記　女殺油地獄　　景清

敵討義女英　　郭中奇談　　　假名手本忠臣蔵　歌舞伎助六

輕口御前男　　輕口本集　　　きのふはけふの物語

源平布引滝　　元禄歌舞伎傑作集

好色一代男　　好色一代女　　好色万金丹　　小袖曽我

薊色縫　　　　好色伝授　　　小袖曽我薊色縫

三階蔵　　　　詞葉の花　　　鹿の卷筆　　　史記抄

七偏人

春色梅児誉美　春色英対暖語　春色三題噺　春色辰巳園

春色恵の花　　春色連理梅　　春帖咄　　　　心中天の網島

心中万年草　　心中宵庚申

新話違なし　　粋町甲閨　　　隅田川続俤　　世間胸算用

醒睡笑　　　　聖遊廓　　　　大経師昔暦　　唯あり

辰巳之園　近松歌舞伎傑作集　近松歌舞伎狂言集

近松浄瑠璃集　椿説弓張月　通言総籬　毬唄三人娘

東海道中膝栗毛　夏祭浪花鑑　南閨雑話　日本永代蔵

人間万事虚誕計　野路の多和言　博多少女郎波枕

箱根草 花暦封じ文　姫蔵大黒柱

ひらがな盛衰記　福神粋語録　武士多賀大膳　堀川波鼓

見徳一炊夢八百屋お七　柳多溜　遊士方言

用明天王職人鑑　世上洒落見絵図　春色恋恓染分解　大和屋藤吉

근대

或る女　浮雲　雁　草枕

外科医　こころ　金色夜叉　三四郎

斜陽　十三夜　たけくらべ

魔風恋風　道草　明暗　夜明け前

- 상고에서 중고까지의 자료는 일본 国文学研究資料館 電子資料館의 大系本文 (日本古典文学・噺本)データベース를 이용하였다.

- 근대의 작품은 現代日本文学大系(1970)筑摩書房를 이용하였다.

- 현대어의 예문은 검색엔진 www.yahoo.co.jp의 공용문 자료와 필자가 수집한 현장 사진 자료에 의한 것이다.

春日和男(1977)　「敬語の変遷1」『岩波講座　日本語4　敬語』

菊地康人(1994)　『敬語』角川書店

北原保雄編(1978)　『論集日本語研究9　敬語』有精堂出版

金水敏(2005)「日本語敬語の文法化と意味変化」『日本語の研究』第1巻3号　日本語
　　　　学会

金田一京助(1992)『金田一京助全集　第三巻　国語学Ⅱ』

小島俊夫(1974)『後期江戸ことばの敬語体系』笠間書院

小島俊夫(1998)『日本敬語史研究―後期中世以降』笠間書院

小松寿雄(1985)『江戸時代の国語　江戸語』，東京堂出版，

桜井光昭(1983)　『敬語論集』明治書院

桜井光昭(1984)　「近代の敬語Ⅰ」講座国語史5　敬語史

坂梨隆三(1987)　『江戸時代の言語　上方語』，東京堂出版，

佐藤享(1991)　『江戸時代語の研究』桜楓社

杉崎一雄(1988)　『平安時代敬語の研究』有精堂

杉崎夏夫(2003)　『後期江戸語の待遇表現』

鈴木一彦・林巨樹(1984)　『研究資料　日本文法9　敬語法編』明治書院

田中章夫(1983)　『東京語-その成立と展開-』明治書院

田中章夫(1999)『日本語の位相と位相差』明治書院

辻村敏樹(1967)　『現代の敬語』共文社

辻村敏樹(1968)『敬語の史的研究』東京堂出版

辻村敏樹編(1974)　『講座国語史5　敬語史』大修館書店

辻村敏樹(1977)「日本語の敬語の構造と特色」『岩波講座　日本語4　敬語』岩波書店

辻村敏樹編(1991)　『敬語の用法』角川書店

辻村敏樹・川岸敬子(1991)「敬語の歴史」『講座　日本語と日本語教育10　日本語の
　　　　歴史』明治書院

辻村敏樹(1992)　『敬語論考』明治書院

戸山映次(1977)　「敬語の変遷(2)」　『岩波講座　日本語4　敬語』岩波書店
永田高志(2001)『第三者待遇表現史の研究』和泉書院
中村通夫(1948)　『東京語の性格』　川田書房
中村平治(1993)　『敬語から丁寧表現へ』近代文芸社
中村幸弘他・大久保一男・碁石雅利(2002)『古典敬語詳説』右文書院
西田直敏(1987)『敬語』東京堂出版
西田直敏(1998)『日本人の敬語生活史』翰林書房
根来司(1991)　『源氏物語の敬語法』明治書院
林四郎・南不二男編(1973・1974)　『敬語講座1～～10』明治書院
飛田良文(1992)　『東京語成立史の研究』, 東京堂出版,
松村明(1977)　『近代の国語-江戸から現代へ』, 桜楓社
峰谷清人(1977)　『狂言台本の国語学的研究』笠間書院
宮地裕(1981)　「敬語史論」『講座日本語学9　敬語史』明治書院
宮地裕(1983)　「現代の敬語」『講座国語史　5　敬語史』大修館書店
森野宗男(1972)　「古典敬語の構造と識別法」『国文学』学灯社
山口明穂(1976)　『中世国語における文語の研究』, 明治書院,
山崎久之(1963)　『国語待遇表現体系の研究　近世編』武蔵野書院
山崎久之(1990)　『続国語待遇表現体系の研究』武蔵野書院
湯沢幸吉郎(1955)『室町時代言語の研究』, 大岡山書店,
湯沢幸吉郎(1954)『江戸言葉の研究』, 明治書院,
ロドリゲス　土井忠生訳(1955)『日本大文典』三省堂
藁谷隆純(1989)『中古・中世の敬語』教育出版センター